코로나19 바이러스
"친환경 99.9% 향균잉크 인쇄"
전격 도입

언제 끝날지 모를 코로나19 바이러스
99.9% 향균잉크(V-CLEAN99)를 도입하여 「안심도서」로
독자분들의 건강과 안전을 위해 노력하겠습니다.

본 도서는 항균잉크로 인쇄하였습니다.
항균 99.9% 안심도서

항균잉크(V-CLEAN99)의 특징

- 바이러스, 박테리아, 곰팡이 등에 항균효과가 있는 산화아연을 적용
- 산화아연은 한국의 식약처와 미국의 FDA에서 식품첨가물로 인증받아 **강력한 항균력을** 구현하는 소재
- 황색포도상구균과 대장균에 대한 테스트를 완료하여 **99.9%의 강력한 항균효과** 확인
- 잉크 내 중금속, 잔류성 오염물질 등 **유해 물질 저감**

TEST REPORT

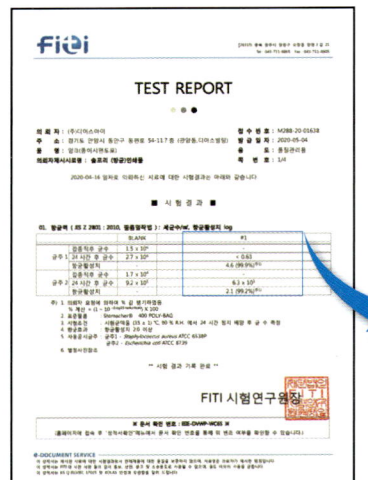

프롤로그

"**아버지 가방에 들어가신다.**"

어디가 잘못되었는지 아시겠지요?

맞춤법은 살아 있는 지식으로, 우리 생활 전반에 영향을 미칩니다. 그렇다면 맞춤법은 어떻게 공부해야 할까요? 설명을 들으면서? 쓰면서? 학교 현장에서 어린이들과 만나면서 늘 고민하는 문제입니다.

초등학교 저학년부터 고학년까지 모든 수업시간에 아이들은 자신의 생각이나 답을 글로 씁니다. 그 과정에서 맞춤법은 공부하는 시기도 중요하지만, 방법도 중요하다는 것을 느낍니다.

수업시간에 교과내용을 배우기도 힘든데, 딱딱한 맞춤법이라니….

아이들이 집중할 수 있을까요?

그림은 글보다 쉽게 이해할 수 있고, 이야기는 집중력을 끌어올립니다. 재미있는 이야기에 집중하다 보면 자연스럽게 맞춤법 내용도 익히게 되지요.

맞춤법이라는 목표와 재미라는 목표를 양손에 모두 잡을 수 있도록 많이 고민하며 책을 썼습니다. 이 책에는 아이들의 친구인 동글이가 등장합니다. 동글이와 함께 하루에 한 개씩 이야기를 읽다 보면 바른 국어 생활에 조금 더 가까워지게 될 거예요.

Prologue

'비슷한 소리를 가졌어요, 정확하게 써야 해요, 둘 다 맞아요, 자주 헷갈려요' 이렇게 네 묶음으로 주제를 나누어 100개의 맞춤법을 책에 담았답니다. 순서는 크게 상관이 없지만, '묶음 4인 자주 헷갈려요'를 먼저 읽으면 맞춤법에 좀 더 편하게 다가갈 수 있을 거예요. 또한 책에 실린 QR코드로 영상자료를 함께 보면 이 책의 내용을 이해하는 데 많은 도움이 될 겁니다.

즐거운 맞춤법 공부를 통해 '아빠가 가방에 들어가시는 일'이 없기를, 여러분이 맞춤법과 조금이라도 친해지기를 바라요!

끝으로 격려와 사랑을 끊임없이 보내준 인생의 동반자, 정말 좋은 친구인 사랑하는 남편에게 감사의 말을 전합니다. 다채로운 사랑으로 제 인생을 무지갯빛으로 만들어 주신 부모님께도 감사드립니다. 부족한 저를 믿어 주시고 끝까지 함께 고생하신 시대교육 임직원분들께도 마음 깊이 감사드립니다.

저자 씀

목차

묶음 1 비슷한 소리를 가졌어요

1. 가르다 VS 갈다 · 010
2. 가르치다 VS 가리키다 · 012
3. 같이 VS 가치 · 014
4. 거름 VS 걸음 · 016
5. 거지 VS 걷이 · 018
6. 낫다 VS 낳다 · 020
7. 너머 VS 넘어 · 022
8. 눋다 VS 눕다 · 024
9. 느리다 VS 늘이다 · 026
10. 다르다 VS 틀리다 · 028
11. 다리다 VS 달이다 · 030
12. 다치다 VS 닫히다 · 032
13. 덥다 VS 덮다 · 034
14. 드러내다 VS 들어내다 · 036
15. 막다 VS 맑다 · 038
16. 맞다 VS 맡다 · 040
17. 매다 VS 메다 · 042
18. 무치다 VS 묻히다 · 044
19. 묵다 VS 묶다 · 046
20. 바치다 VS 받치다 · 048
21. 반드시 VS 반듯이 · 050
22. 부치다 VS 붙이다 · 052
23. 비추다 VS 비치다 · 054

Contents

24 빗 VS 빛 · · · 056
25 새다 VS 세다 · · · 058
26 섞다 VS 썩다 · · · 060
27 속다 VS 솎다 · · · 062
28 쉬다 VS 시다 · · · 064
29 시키다 VS 식히다 · · · 066
30 안다 VS 않다 · · · 068
31 안치다 VS 앉히다 · · · 070
32 업다 VS 엎다 · · · 072
33 익다 VS 읽다 · · · 074
34 잊다 VS 잃다 · · · 076
35 저리다 VS 절이다 · · · 078
36 졸다 VS 줄다 · · · 080
37 지그시 VS 지긋이 · · · 082
38 짓다 VS 짖다 · · · 084
39 찢다 VS 찧다 · · · 086
40 해어지다 VS 헤어지다 · · · 088

묶음 2 정확하게 써야 해요

41 ~것 · · · 090
42 ~겸 · · · 092
43 ~곳 · · · 094
44 ~대 · · · 096
45 ~등 · · · 098
46 ~만큼 · · · 100
47 ~ 및 · · · 102
48 ~자루 · · · 104
49 ~대 VS ~데 · · · 106
50 던 VS 든 · · · 108
(51) ~되 VS ~돼 · · · 110
(52) 로서 VS 로써 · · · 112

목차

- 53 안 VS 않 ········ 114
- 54 ~에 VS ~의 ········ 116
- 55 오 VS 요 ········ 118
- 56 장이 VS 쟁이 ········ 120
- 57 깨끗이 VS 깨끗히 ········ 122
- 58 뒤꿈치 VS 뒷꿈치 ········ 124
- 59 우유갑 VS 우윳갑 ········ 126
- 60 하굣길 VS 하교길 ········ 128

묶음 3 둘 다 맞아요

- 61 굽신 VS 굽실 ········ 130
- 62 노라네 VS 노랗네 ········ 132
- 63 마라 VS 말아라 ········ 134
- 64 만날 VS 맨날 ········ 136
- 65 보고 싶다 VS 보고프다 ········ 138
- 66 삐지다 VS 삐치다 ········ 140
- 67 쌉싸래하다 VS 쌉싸름하다 ········ 142
- 68 예쁘다 VS 이쁘다 ········ 144
- 69 주책없다 VS 주책이다 ········ 146
- 70 자장면 VS 짜장면 ········ 148

묶음 4 자주 헷갈려요
묶음 4-1 글자와 소리가 같아요

- 71 다른 VS 다른 ········ 150
- 72 세다 VS 세다 ········ 152
- 73 좀 VS 좀 ········ 154
- 74 폐폐하다 VS 폐폐하다 ········ 156
- 75 함께 VS 함께 ········ 158

Contents

묶음 4-2 글자와 소리가 달라요

- 76 계세요 VS 게세요 · · · · · · · · · · · · · · · · · · · **160**
- 77 까닭 VS 까닥 · **162**
- 78 깎다 VS 깍다 · **164**
- 79 낯선 VS 낟썬 · **166**
- 80 넓은 VS 널븐 · **168**
- 81 높다 VS 놉따 · **170**
- 82 닦다 VS 닥따 · **172**
- 83 때문에(땜에) VS 때메 · · · · · · · · · · · · · · · · **174**
- 84 떨어뜨리다 VS 떠러뜨리다 · · · · · · · · · · · · · **176**
- 85 많이 VS 마니 · **178**
- 86 밟으면 VS 발브면 · · · · · · · · · · · · · · · · · · **180**
- 87 뵈었다 VS 붸얻따 · · · · · · · · · · · · · · · · · · **182**
- 88 뿌듯하다 VS 뿌드타다 · · · · · · · · · · · · · · · · **184**
- 89 싫다 VS 실타 · **186**
- 90 어떻게 VS 어떠케 · · · · · · · · · · · · · · · · · · **188**
- 91 좋다 VS 조타 · **190**
- 92 펴서 VS 퍼서 · **192**
- 93 햇볕 VS 해 뻗 · **194**
- 94 헷갈리다 VS 헫깔리다 · · · · · · · · · · · · · · · · **196**

묶음 4-3 잘못 쓰기 쉬워요

- 95 며칠 VS 몇일 · **198**
- 96 모둠 VS 모듬 · **200**
- 97 안 돼 VS 안 되 · **202**
- 98 어이없다 VS 어의없다 · · · · · · · · · · · · · · · · **204**
- 99 역할 VS 역활 · **206**
- 100 왠지 VS 웬지 · **208**

묶음 1 비슷한 소리를 가졌어요

① 가르다 VS 갈다

가르다
나누어 따로 되게 하다.

갈다
잘게 부수기 위하여 문지르거나 단단한 물건 사이에 넣다.

엄마가 붕어빵을 사주셨다.

엄마께 왜 붕어빵이라고 부르는지 여쭤 봤더니

아마 붕어가 들어 있을 걸

① 너무 궁금해서 붕어빵 배를 <u>갈라</u> 봤는데, (O , X)

팥만 들어 있었다.

엄마. 붕어빵인데 붕어가 없어요!

엄마께서는 ② "붕어빵은 팥을 삶고 갈아서 속을 만들어 넣은 거야."라고 하셨다.
[O , X]

그러면 붕어빵은 팥빵이라고 불러야 맞는 게 아닐까?

사실 내 이름은…

붕어빵을 **가르면**

붕어 모양의 젤리가 나오면 재미있겠다는 생각이 들었다.

묶음 1 비슷한 소리를 가졌어요

② 가르치다 VS 가리키다

가르치다
모르는 것(지식이나 기능 등)을 설명하여 알게 하거나 익히게 하다.

가리키다
손가락 등으로 어떤 방향이나 대상을 집어 보여 알게 하다.

오늘은 동생이랑 놀았다.

동생이랑 둘이 공기놀이를 하는데 동생이 자꾸 틀렸다.

① 그래서 세 번이나 친절하게 <u>가르쳐줬다.</u> [O , X]

"이렇게 하는 거야. 알겠지?"

그런데 자꾸 딴소리만 하는 동생…

형님의 인생이란 참 어렵다는 걸 느꼈지만

② 엄마 말씀대로 크게 숨을 쉬고 다시 공기놀이를 <u>가리켰다.</u> [O , X]

그런데 이번에는 공기를 향해 손가락질을 하였다.

동생에게 공기놀이를 **가르치는** 것은

자꾸 공기를 손가락으로 **가리키는** 동생 때문에

내년에나 가능할 것 같다.

묶음 1 비슷한 소리를 가졌어요

③ **같이 VS 가치**

같이 둘보다 많은 사람이나 물건 등이 함께

가치 사람이나 물건 등이 갖고 있는 쓸모

동생은 왜 있는 걸까?

오늘 동생이 내 공책을 찢었다.

내가 좋아하는 친구를 그렸는데…

얼굴 가운데가 북-!

사과도 하지 않는 얄미운 동생

① 부모님은 동생과 <u>가치</u> 있을 때 (O , X)

묶음 1 비슷한 소리를 가졌어요

④ 거름 VS 걸음

거름
식물이 잘 자라도록 땅을 기름지게 하는 물질

걸음
걷는 동작

상추를 잘 키우는 방법!

첫째, 아주 건강한 아기 상추를 심는다.

둘째, 목마르지 않게 물을 잘 준다.

셋째, 햇볕이 잘 드는 곳에 둔다.

만약에 상추가 잘 자라지 않는다면

① 거름을 주면 된다. (O , X)

② 가끔 걸음을 주는 친구들이 있는데 [O, X]

그러면 상추가 다치기 때문에 헷갈리지 말아야 한다.

명심할 것!
상추는 걷는 **걸음**을 주는 게 아니라 **거름**을 줘야 한다.

답 ① O ② X

묶음 1 비슷한 소리를 가졌어요

⑤ 거지 VS 걷이

거지	걷이
남에게 빌어먹으면서 살아가는 사람	농작물을 거두어들이는 것

오늘 학교에서 가을에 대해 배웠다.

친구가 번쩍 손을 들더니

① 가을에 먹을 것이 없어 고생하는 거지라고 했다. (ㅇ, X)

나도 똑같이 생각했는데

선생님께서는 친구가 귀엽다는 듯 웃으시면서

② 가을에 잘 익은 곡식을 걷는 것이라고 말씀해 주셨다. [O , X]

선생님 설명을 들으니 가을 **걷이**를 잘하지 않으면

가을에 배가 고파 **거지**가 될 수 있겠다는 생각이 들었다.

부모님 말씀처럼 늘 부지런하게 살아야겠다.

답 ① X ② O

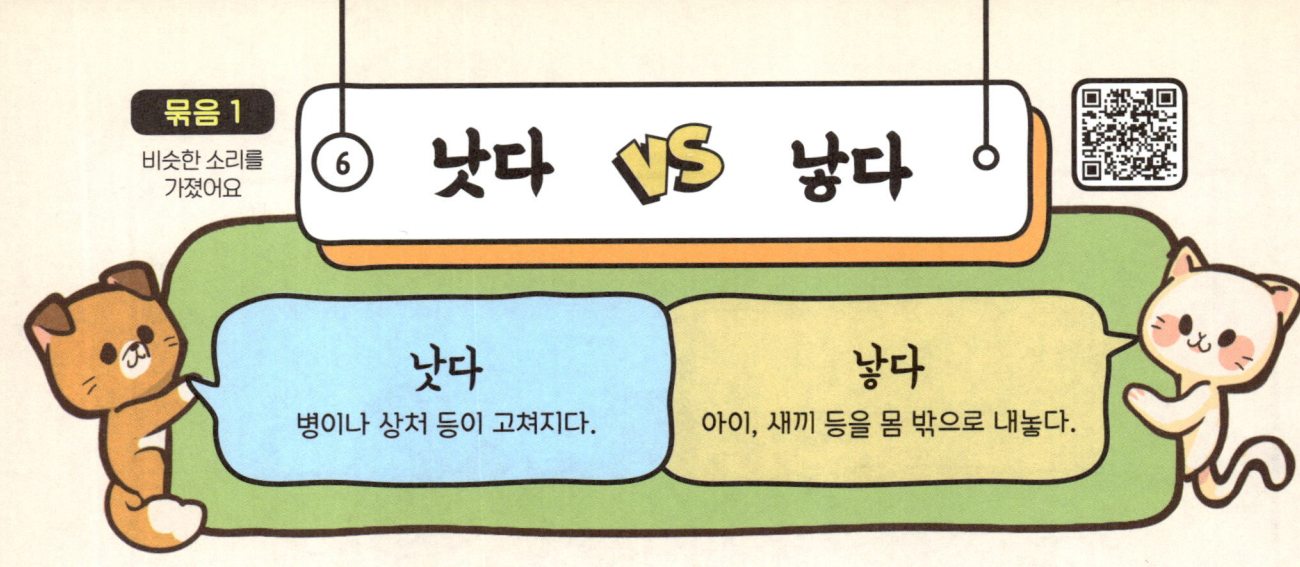

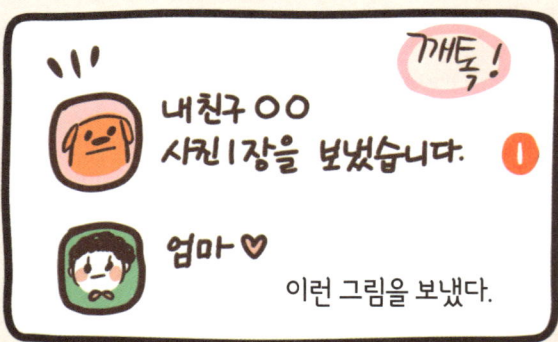

② 동글아, 네가 낳으라고 한 감기야~ 아주 건강해.^^
[O , X]

아차! 병이 **낫는** 것과 아기 **낳는** 것을 헷갈렸네…

낫다

낳다

내일 학교 가서 친구가 놀리면 어떡하지?

답 ① X ② X

묶음 1 비슷한 소리를 가졌어요

⑦ **너머 VS 넘어**

너머 — 어떤 사물의 저쪽

넘어 — 사람, 물건 등이 한쪽에서 다른 쪽으로 옮아가다.

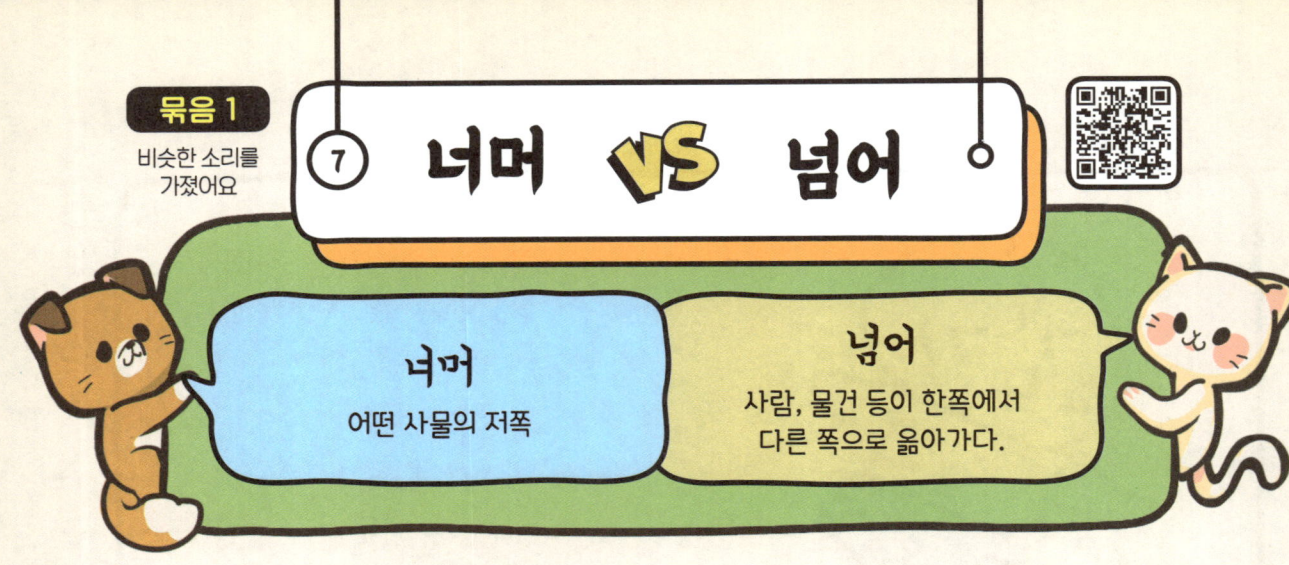

주말에 할머니 댁에 놀러 갔다.

동생이 지난번에 갔던 계곡에 가 보자고 해서

① 계곡에 가려면 산을 너머가야 한다고 말했다. [O , X]

그랬더니 동생이 어떻게 산을 너머가냐고 했다.

30분이면 너머가는데? 라고 하자,

동생이 막 웃더니,

② 산은 <u>넘어</u>가는 거라고 가르쳐줬다. (O , X)

산 **너머** 계곡에 가려면,

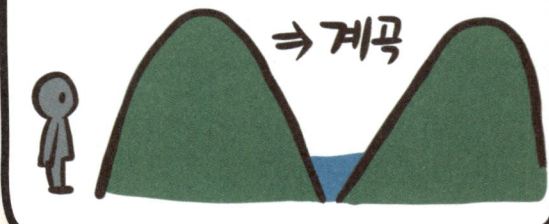
⇒ 계곡

산을 **넘어**가면 된다고…

동생이 가르쳐 주니 왠지 부끄러웠다.

화끈

답 ① X ② O

묶음 1 비슷한 소리를 가졌어요

⑧ **눋다 VS 눕다**

눋다 누렇게 조금 타다.

눕다 몸을 바닥 등에 대고 평평하게 하다.

할머니 댁에 갔는데

밥을 지어 주셨다.

할머니께서

① 밥이 잘 눌었다고 하셨다. (O , X)

나는 가마솥이 따뜻해서

② 밥이 누웠다는 줄 알았다. (O , X)

밥이 누룽지처럼 조금 타면

눌었다고 한다.

밥이 **눋는** 냄새는 참 구수하다.

묶음 1 비슷한 소리를 가졌어요

⑨ 느리다 VS 늘이다

느리다
어떤 것을 하는 데 시간이 오래 걸린다.

늘이다
원래보다 더 길어지게 하다.

주말에 할머니와 엿을 만들었다.

① 할머니께서 엿가락을 늘이는 게 가장 중요하다고 하셨다.
[O , X]

내가 해보겠다고 허락을 받고

엿가락을 아주 천천히 느리게 만들었다.

느릿느릿

그러다 저녁이 되었다.

할머니께서 답답하셨는지

그게 아니라고 말씀하셨다.

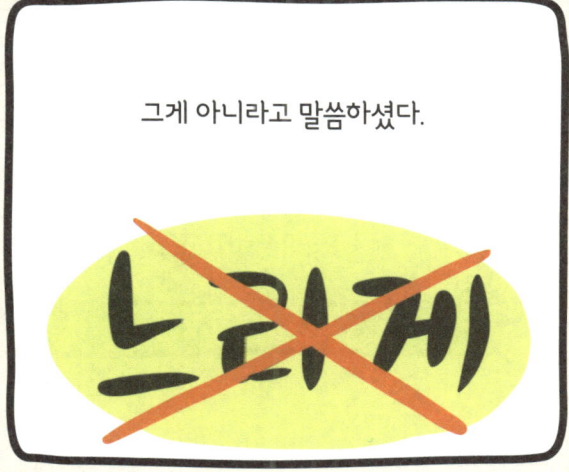

② 엿가락을 고무줄처럼 쭈욱 길게 늘이라고 하셨다. 〔 ○, X 〕

하마터면 달콤한 엿을 맛보지 못할 뻔했다.

엿은
늘이고
시간은
느리게!

묶음 1 비슷한 소리를 가졌어요

⑩ 다르다 VS 틀리다

다르다 두 대상이 서로 같지 않다.

틀리다 어떤 것이 그르게 되거나 어긋나다.

오늘은 친구랑 노는 날!

친구가 게임을 하자고 했다.

① 친구가 <u>틀린</u> 그림을 찾아보라고 했다. [○ , X]

나는 하나도 못 찾았는데

친구는 5개나 찾았다고 좋아했다.

뭐지?

② 알고 보니 다른 그림 찾기였다!
(O , X)

다르다와 틀리다는 다르다.

다시 해 보니,
나는 다른 그림을 6개나 찾았다.

답 ① X ② O

묶음 1 비슷한 소리를 가졌어요

⑪ **다리다 VS 달이다**

다리다
옷이나 천의 구김을 펴기 위해 다리미로 문지르다.

달이다
액체 등을 끓여서 진하게 만들거나 우러나오도록 만들다.

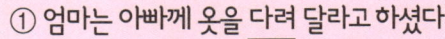
① 엄마는 아빠께 옷을 <u>다려</u> 달라고 하셨다.
[O , X]

주말에는 엄마의 모든 집안일이 멈춘다.

② 만약 옷을 <u>달이면</u> 어떻게 될까?
[O , X]

반듯하게 다려진 옷을 보면 기분이 좋아진다.

큰 통에 물을 부어서

여러 가지 옷을 넣으면

셔츠를 달이면?
바지를 달이면?

옷은 **달이지** 말고
다리는 걸로 해야겠다.

묶음 1 비슷한 소리를 가졌어요

⑫ 다치다 VS 닫히다

다치다 상처를 입다.

닫히다 열린 문이나 서랍 등이 제자리로 가 막히다.

어제는 친구 사랑의 날이었다.

나는 칠판에 이런 글을 썼다.

① 굳게 <u>다친</u> 마음의 문을 열자.
(○ , ×)

친구들이 "나 안 다쳤어~" 하고 미소 지었다.

선생님도 빙그레 웃으셨다.

그리고 이렇게 말씀하셨다.

② 동글이 덕분에 굳게 닫힌 우리 마음이 열렸구나. 고마워
(O , X)

다쳐서 닫힌 마음도

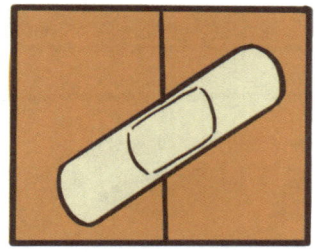

웃음으로 활짝 열리는구나.

실수는 했지만 기분이 좋았다.

답 ① X ② O

묶음 1 비슷한 소리를 가졌어요

⑬ 덥다 VS 덮다

덥다
온도가 높다.

덮다
사람이나 물건 등이 보이지 않도록 천 등을 씌우다.

동생이랑 공포 영화를 봤다.

괴물이 나와서 엄청 무서웠다.

동생이랑 나는 이불을 **덮고**

이불 속에서 놀았다.

한참 놀았더니

이불 때문에 너무 **더웠다.**

무서운 것보다

① 덥고 땀이 나서 이불 밖으로 나왔다.
(O , X)

② 괜히 공포 영화를 봐서 이불까지 덥고…
(O , X)

앞으로 절대 보지 말아야겠다.

답 ① O ② X

묶음 1 비슷한 소리를 가졌어요

⑭ 드러내다 VS 들어내다

드러내다 — 보이지 않던 것을 보이게 하다.

들어내다 — 어떤 것을 들어서 밖으로 옮기다.

재미있는 놀이를 소개하겠다.

놀이 제목은 '화석을 캐자!'

첫째, 나무망치로 나무못을 두들긴다.

이때 가장자리부터 두들겨야 한다.

36

① 둘째, 공룡 뼈가 모습을 들어내면
(o , X)

그 주변을 살살 두들긴다.

셋째, 공룡 뼈가 다 나오면

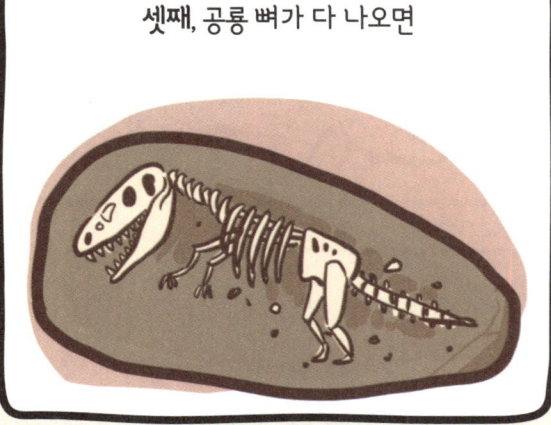

② 손으로 살살 들어내면, 끝!
(o , X)

주의! 뼈가 모습을 모두 **드러내기** 전까지

절대 **들어내면** 안 된다.

답 ① X ② o

묶음 1 비슷한 소리를 가졌어요

⑮ 막다 VS 맑다

막다 길, 강물 등이 통하지 못하게 하다.

맑다 탁한 것이 섞이지 아니하다.

이번 주말에 부모님과 계곡에 놀러 가기로 했다.

사진 속의 계곡은

① 맑은 물이 졸졸 흐르고 (O, X)

시원한 물에 수박을 담글 수도 있었다.

집 주변에 있는 연못보다
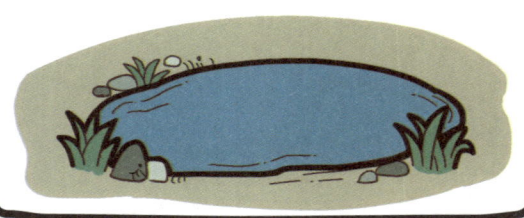

왜 계곡물이 더 **맑은지** 아빠께 여쭤봤다.

38

② 연못은 동그랗게 막아 놓았지만
(O , X)

계곡은 막아 놓지 않아서라고 하셨다.

막히지 않아서

더욱 맑고 시원한 계곡

얼른 계곡에 가고 싶다.

묶음 1 비슷한 소리를 가졌어요

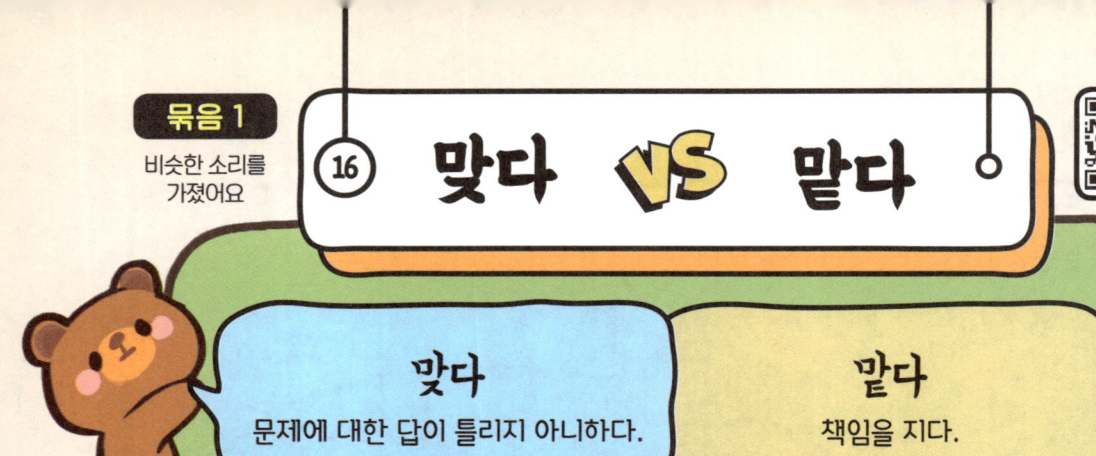

⑯ 맞다 VS 맡다

맞다 문제에 대한 답이 틀리지 아니하다.

맡다 책임을 지다.

동생이 신나서 문자를 보냈다.

형아! 나 오늘 10개 맞았어!

① 10개를 맡았다니? [O , X]

혹시 토끼 반장을 맡았다는 걸까?

토끼 10마리를 맡았나 했는데

또 이런 문자가 왔다.

내일은 받아쓰기 5개 맡을거야!

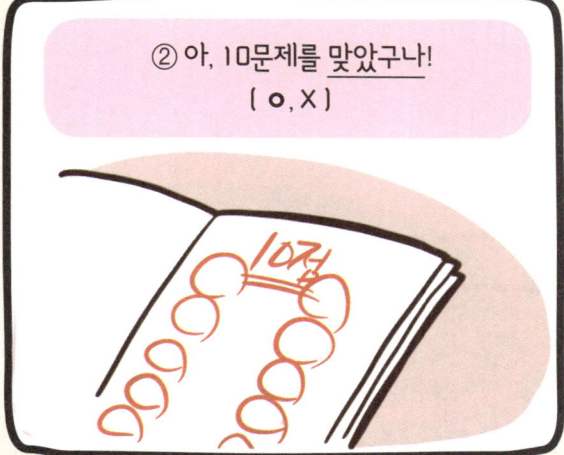

② 아, 10문제를 맞았구나!
(O , X)

귀여운 내 동생

동생에게 문제는 **맞는 것**, 토끼 반장은 **맡는 것**이라고 알려줘야겠다.

맞다

맡다

답 ① X ② O

묶음 1 비슷한 소리를 가졌어요

⑰ 매다 VS 메다

매다 — 끈, 줄 등을 묶다.

메다 — 가방 등을 어깨에 걸치다.

어제 아주 신나는 꿈을 꿨다.

숲속에서 호랑이와 마주쳤는데

내가 한 방에 잡았다.

호랑이를 어깨에 **메고**

집으로 가는데

신발 끈에 발이 걸렸다.

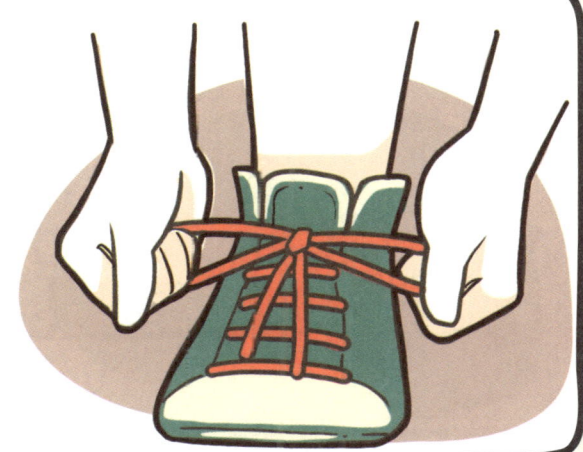
① 운동화 끈을 야무지게 매고
[O , X]

② 다시 호랑이를 메고 집으로 달려갔다.
[O , X]

온 동네 사람들이 칭찬했다.

자면서도 신이 나서 막 웃었다.

묶음 1 비슷한 소리를 가졌어요

⑱ 무치다 VS 묻히다

무치다 — 나물 등에 양념을 골고루 섞다.

묻히다 — 가루, 풀 등이 다른 어떤 것에 들러붙거나 흔적이 남다.

콩나물은 엄마께서 삶아 주셨고

인터넷에서 콩나물 요리법을 찾았다.

부모님께 선물을 드리고 싶었기 때문이다.

① 다음 순서는 양념에 무치기였다. (O , X)

저녁에 부모님께 보여 드렸더니

배꼽이 빠지도록 웃으셨다.

왜냐하면,

② 양념에 묻히기로 잘못 이해했기 때문이다.
[O , X]

무치라는 건 골고루 섞으라는 뜻이었다.

양념은 **무치는** 거고, 딱풀은 **묻히는** 거다.

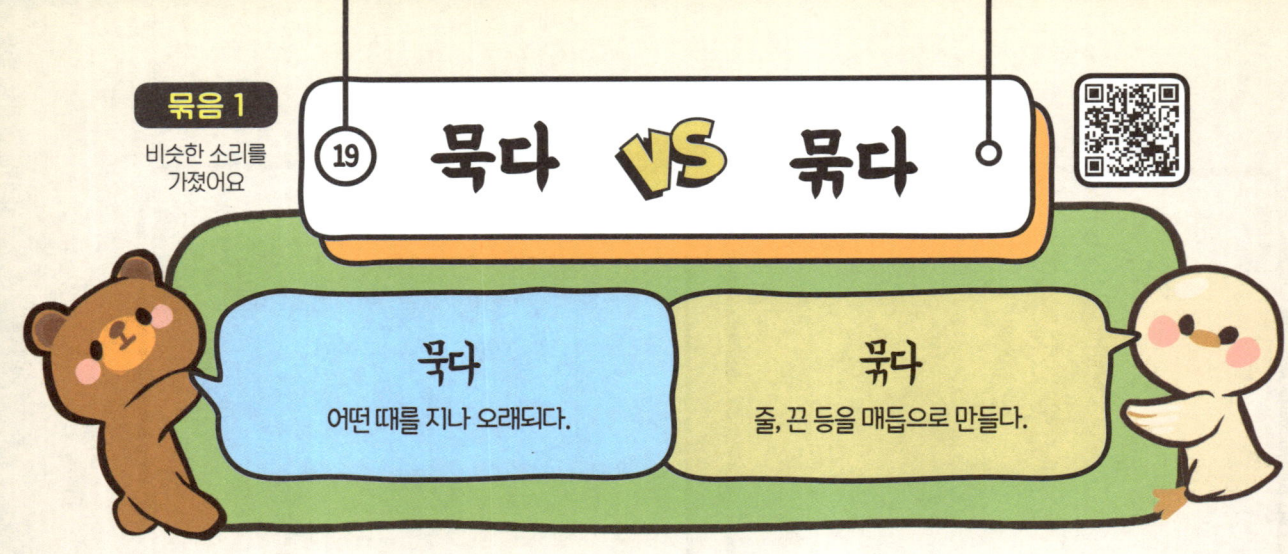

묶음 1 비슷한 소리를 가졌어요

⑲ 묵다 VS 묶다

묵다 — 어떤 때를 지나 오래되다.

묶다 — 줄, 끈 등을 매듭으로 만들다.

오늘도 엄마가 찾으신다.

도대체 빨래를 얼마나 묵힌 거니?

네? 엄마 저는 그대로 벗어 뒀는 걸요?

바지는 그대로

티셔츠도 그대로

묶지는 않았어요. 억울해요.

① 아니, 빨래를 며칠이나 묵혔기에 냄새가 나는 거냐는 거지… [O, X]

아! 빨래를 며칠이나 바닥에 놔둔 걸 말씀하시는 거구나.

② 나는 왜 빨래를 묶었냐고 하시는 줄 알았다. [O, X]

앞으로 빨래는 묵히지 말고 바로바로 빨래 통에 넣어야겠다.

답 ① O ② X

묶음 1 비슷한 소리를 가졌어요

⑳ 바치다 VS 받치다

바치다
웃어른 등에게 정중하게 드리다.

받치다
어떤 물건의 밑, 옆 등에 다른 물체를 대다.

오늘은 옛날 사람들의 생활 모습에 대해 배웠다.

옛날 왕이 있던 시절에는

사람들이 맛있는 과일을 **바쳤다고** 한다.

왕이니까 쟁반에 **받쳐** 줬겠지?

① 제주도에서는 버섯도 바쳤다고 한다.
[O , X]

48

묶음 1 비슷한 소리를 가졌어요

21 반드시 VS 반듯이

반드시	반듯이
틀림없이	비뚤어지지 않고 바르게

초등학교에 처음 입학했을 때

재밌있는 일이 있었다.
우리들은 1학년

① 선생님께서 반듯이 잘 앉으라고 하셔서 [O, X]

바른 자세로 앉아 있었는데

어떤 친구가

갑자기 엉엉 울었다.

50

그 친구는
반듯이를 반드시로 이해했나 보다.

묶음 1
비슷한 소리를 가졌어요

22 부치다 VS 붙이다

부치다 프라이팬에 빈대떡 등을 익혀 만들다.

붙이다 맞닿아 떨어지지 않게 하다.

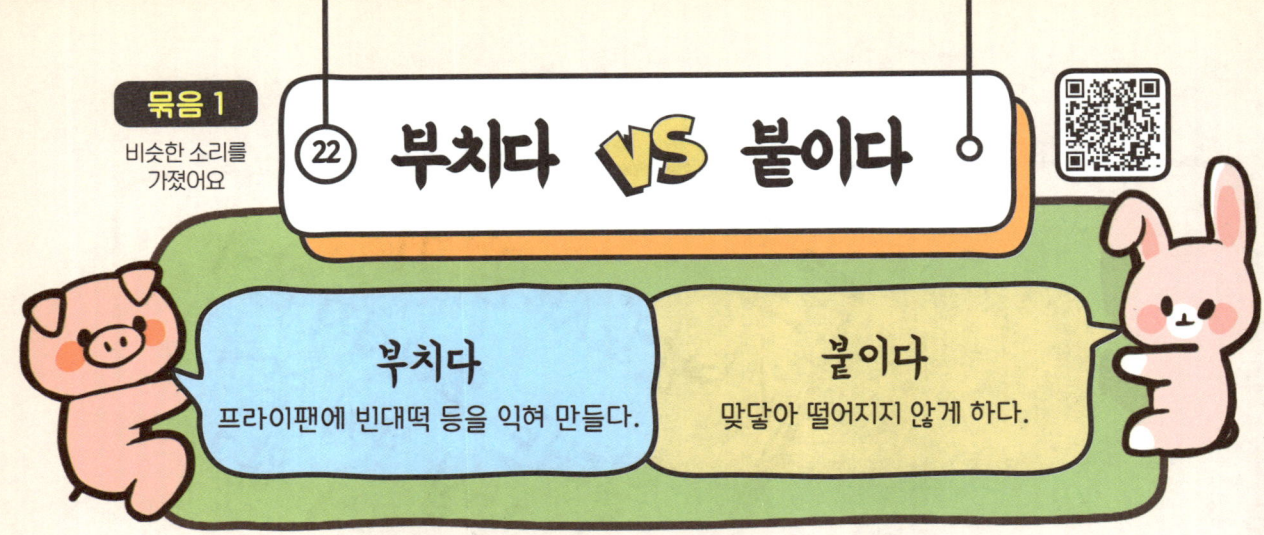

돈 없으면 집에 가서 빈대떡이나 부쳐 먹지 ♪

아빠께서 자주 부르시는 노래다.

① 왜 빈대떡을 붙여 먹을까? [O , X]

어디에 붙일까?

손바닥에 붙이는 걸까?

엄마께 여쭤 봤더니

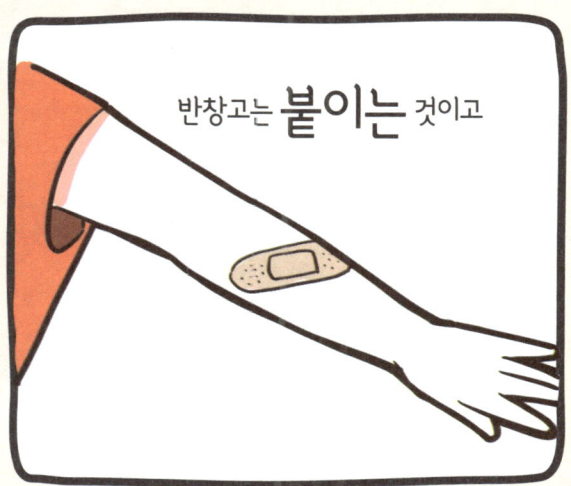
반창고는 **붙이는** 것이고

부침개, 빈대떡은 기름에 **부친다**고 하셨다.

맞다! 반창고는 부쳐 먹을 수 없지.

② 엄마께 저녁에는 김치 부침개를 <u>부쳐</u> 달라고 해야겠다. (ㅇ , X)

답 ① X ② ㅇ

묶음 1 비슷한 소리를 가졌어요

23 비추다 VS 비치다

- **비추다**: 빛을 보내 밝게 하다.
- **비치다**: 빛이 나서 밝게 되다.

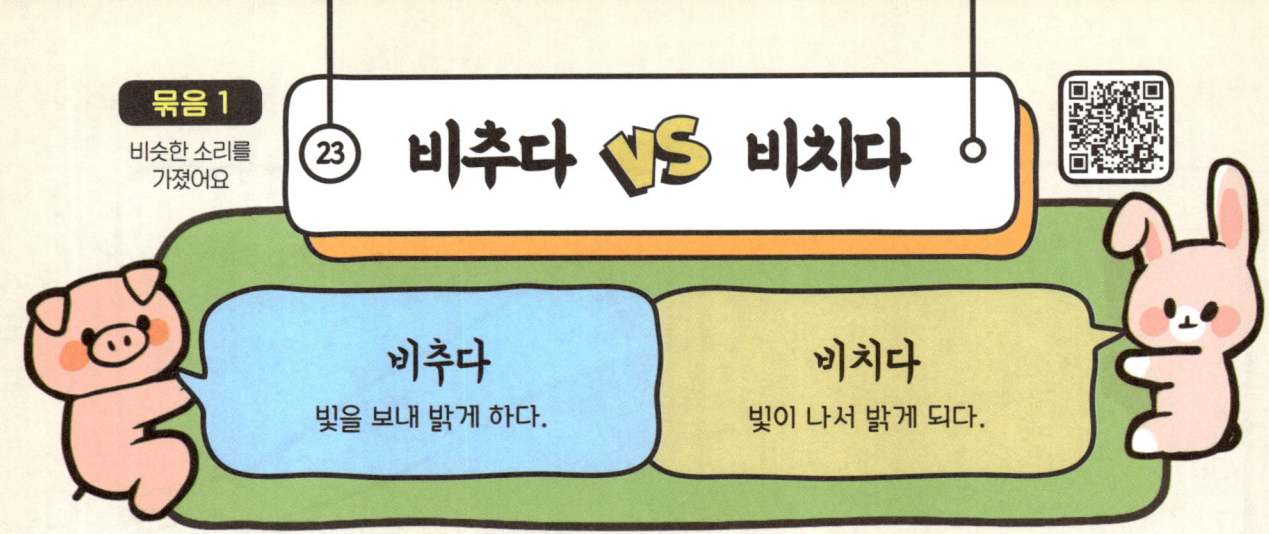

사람은 꿈을 크게 가져야 한다.

나는 태양 같은 사람이 되는 것이 꿈이다.

빛이 **비치는** 곳에서만 자라는 나무보다

나무에게 빛을 **비추는** 태양 같은 사람

54

누가 시켜서 동생이랑 잘 노는 사람은

① 빛을 비추는 사람이 아니다.
(O , X)

② 세상을 비추는 사람은
(O , X)

스스로 동생과 잘 노는 사람이다.

그러니까 숙제와 동생이 있다면

숙제보다는 동생과 잘 놀아 주어야 한다.

55

묶음 1 비슷한 소리를 가졌어요

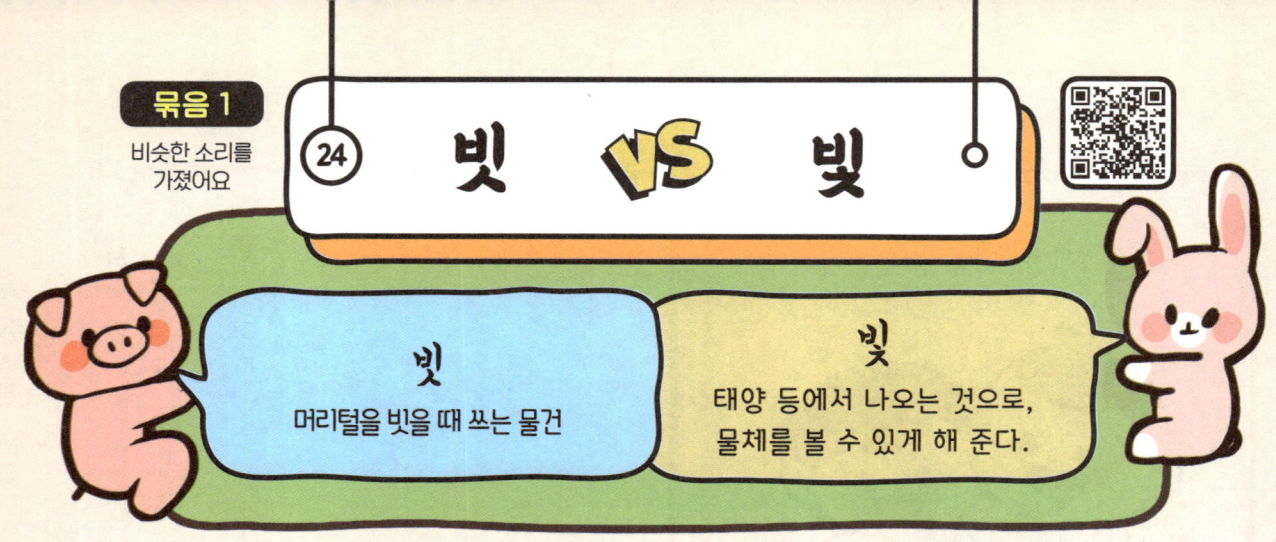

㉔ 빗 VS 빛

빗 — 머리털을 빗을 때 쓰는 물건

빛 — 태양 등에서 나오는 것으로, 물체를 볼 수 있게 해 준다.

어제 무서운 꿈을 꿨다.

어두운 숲속에 갇혀서

도저히 빠져나갈 수 없었다.

① 빗을 내려 달라고 기도했더니 (O , X)

머리빗이 수십 개 떨어져서

막 울다가

② 빛을 내려 달라고 다시 기도했다.
(ㅇ, X)

이번에는 빛이 숲속을 환하게 비춰서

무사히 집으로 돌아왔다.

꿈속에서도 맞춤법을 잘 써야겠다고 생각했다.

맞춤법을 잘 지키자!

묶음 1 비슷한 소리를 가졌어요

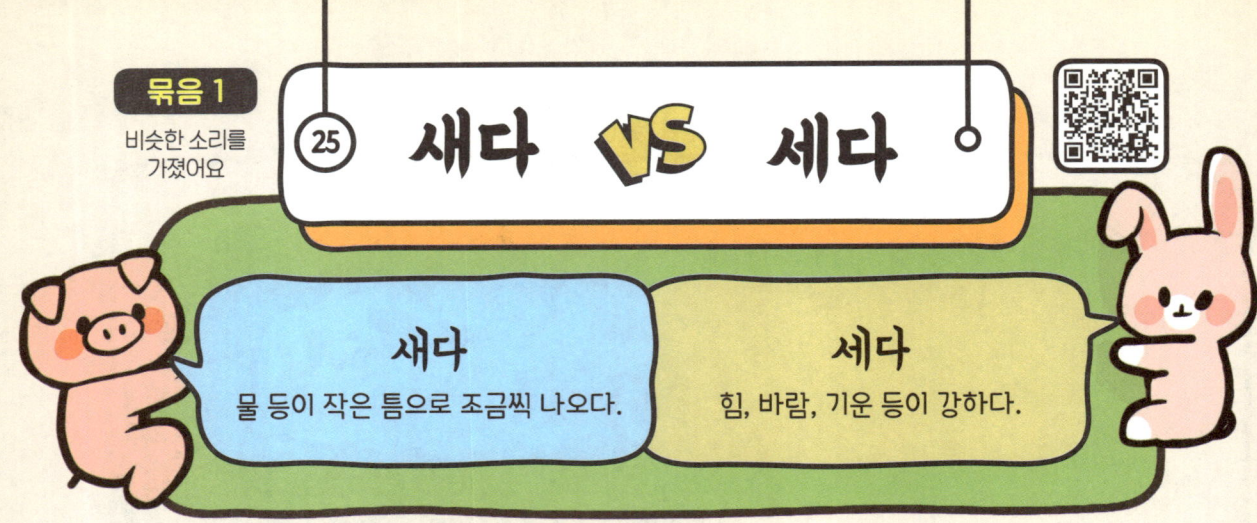

25 새다 VS 세다

새다 — 물 등이 작은 틈으로 조금씩 나오다.

세다 — 힘, 바람, 기운 등이 강하다.

오늘의 일기

① 형아는 힘이 <u>새다</u>.
(O , X)

내 가방도 번쩍 들어 주는

힘이 센 형아다.

② 우산에 비가 <u>샜는데</u>
(O , X)

형아는 그것도 고쳐줬다.

힘도 세고 척척박사인
우리 형이 참 좋다.

귀여운 내 동생

형아가 힘이 **세기는** 하지.

앞으로도 힘 **센** 형아가
너의 우산이 되어 줄게!

묶음 1 비슷한 소리를 가졌어요

㉖ 섞다 VS 썩다

섞다
둘 이상의 것을 합치다.

썩다
어떤 것이 상해서 나쁜 냄새가 나고 모양이 망가지다.

동생이랑 분식집에 갔다.

나는 떡볶이가 먹고 싶은데

동생은 튀김이 좋다고 했다.

한참 고민했더니

① 주인 아주머니께서 섞어 먹어 보라고 하셨다. (O , X)

② 동생은 썩은 것을 먹으면 배탈이 난다고 말했다. (O , X)

나는 음식이 상하는 건 **썩는** 것이고

여러 종류를 같이 먹는 건 **섞어** 먹는 것이라고 말해 줬다.

떡볶이와 튀김을 섞어 먹으니 최고였다.

묶음 1 비슷한 소리를 가졌어요

㉗ 속다 VS 솎다

속다: 다른 사람의 거짓이나 꾀에 넘어가다.

솎다: 촘촘히 여러 개 있는 것을 군데군데 뽑다.

내가 쓴 동화를 소개하겠다.

이름하여 상상극장!

속다와 솎다가 바뀐 세상의 이야기이다.

상추를 솎다 -> 상추를 속이다.

① <u>속아</u> 넘어가 분한 상추 등장!
[O , X]

62

동글이가 속다->동글이를 솎다

② 동글이를 솎다.
(O, X)

상상극장 끝!

현실에서는 바르게 쓰는 게 좋을 것 같다.

답 ① X ② X

묶음 1 비슷한 소리를 가졌어요

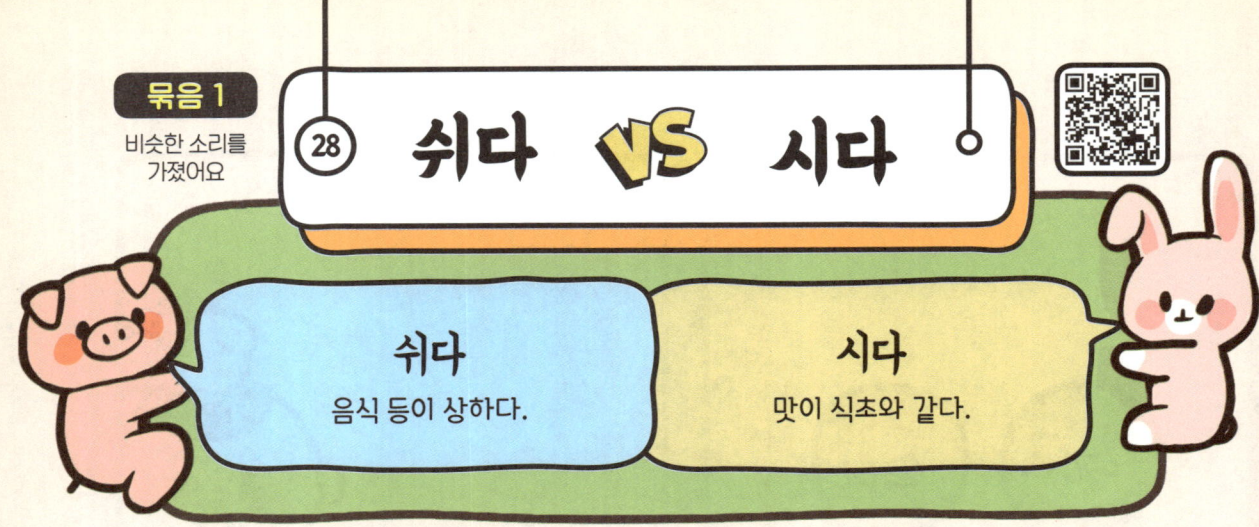

㉘ 쉬다 VS 시다

쉬다 — 음식 등이 상하다.
시다 — 맛이 식초와 같다.

학교에서 좋아하는 음식 소개하기를 했다.

① 내가 쉰 맛이 나는 음식을 좋아한다고 하자 (O , X)
쉰 맛

친구들 표정이 이상해졌다.

얼마나 맛있는데?

오렌지주스, 레몬주스 …

그러자 친구들이 웃었다.

친구들이 ② "그건 신맛 나는 음식이잖아!"
라고 말했다. (O , X)

신맛

아차! 실수했다.

상한 음식을
쉬었다고
하지!

레몬은 **시다**, 상한 음식은 **쉬다**!

시다

쉬다

답 ① X ② O

묶음 1 비슷한 소리를 가졌어요

㉙ 시키다 VS 식히다

시키다
어떤 일을 하도록 하거나 음식 등을 주문하다.

식히다
더운 기운을 없애다.

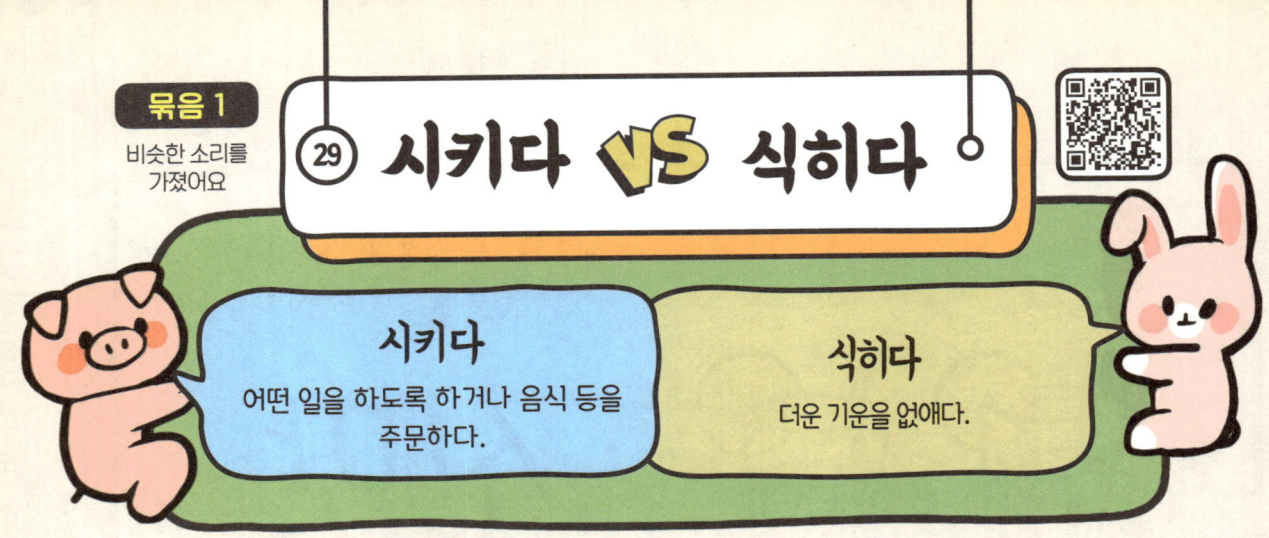

옛날 앨범을 보다가

우리가 어릴 적 이야기를 들었다.

어릴 때는 음식을

① 늘 <u>식혀</u> 주셨다고 했다. [O , X]

동생은

매일 탕수육을 먹었겠다며 좋아했다.

묶음 1 비슷한 소리를 가졌어요

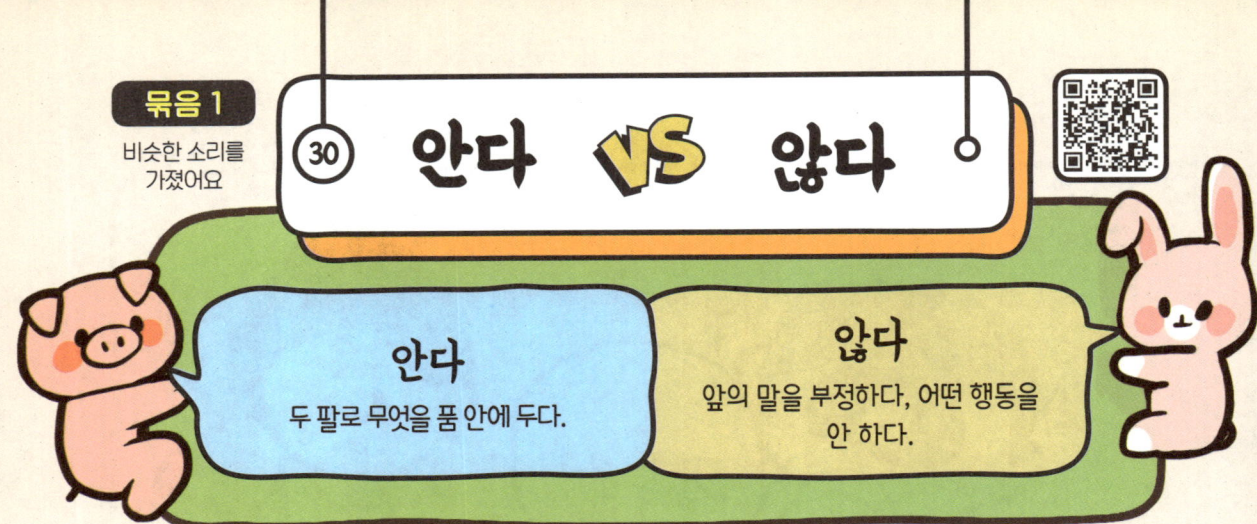

㉚ **안다** VS **않다**

안다 두 팔로 무엇을 품 안에 두다.

않다 앞의 말을 부정하다, 어떤 행동을 안 하다.

가끔 드라마를 보면

① 사랑하지 <u>않는</u>다고 말하는 사람들은 (O , X)

늘 울거나 화를 내는 것 같다.

어른들은 왜 어렵게 살까?

그럴 때는 안다로 바꿔 말하면 된다.

않다 → 안다

이렇게

68

널 사랑하지 안아

동생아!

② 난 너를 <u>안아</u> 주고 싶어! (O , X)

많이 사랑해!

묶음 1 비슷한 소리를 가졌어요

㉛ 안치다 VS 앉히다

안치다
밥을 짓기 위해 솥 등에 재료를 넣고 불 위에 올리다.

앉히다
사람이나 동물이 어딘가에 엉덩이를 대고 몸을 올려놓게 하다.

엄마의 시를 소개합니다.

아이들을 깨운다.

밥을 **안친다**.

① 찌개를 <u>안친다</u>. (O , X)

아이들을 **앉힌다**.

안치고

앉히고

안치고

앉히고

⋮

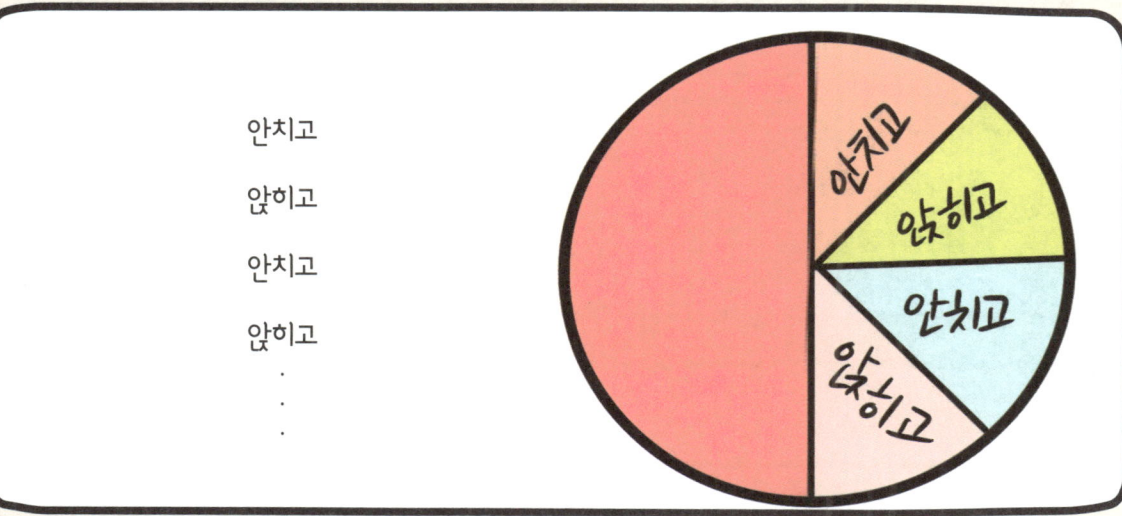

② 나는 언제 앉을까 하다가도 [O , X]

가족들의 웃는 모습이

모든 것을 뛰어넘게 한다.

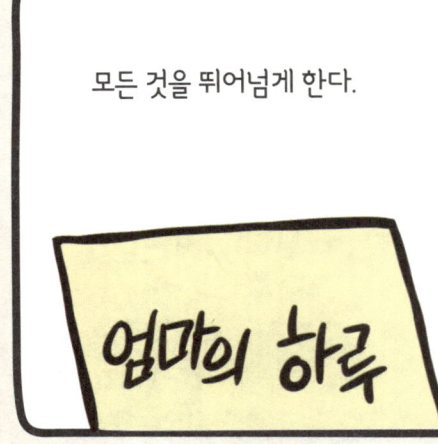

묶음 1
비슷한 소리를 가졌어요

32  VS

업다
사람 등을 손 또는 천을 이용하여 등에 붙어 있게 하다.

엎다
물건 등을 거꾸로 돌려 위아래를 바뀌게 하다.

오늘 재미있는 일이 있었다.

동생에게 우유 다 먹고

컵은 씻어서 **엎어** 놓으라고 했더니

컵을 둥개둥개
업고 다니는게
아닌가?!

그런 동생이 귀여웠는지

① 엄마는 동생을 업어 주셨다.
[O , X]

72

묶음 1 비슷한 소리를 가졌어요

㉝ 익다 VS 읽다

익다 — 곡식, 과일 등이 여물어 맛이 들다.

읽다 — 글을 보고 소리 내어 말하다.

잘 익은 사과를 먹으니	예전 생각이 났다.
교과서에	맛있게 **익은** 사과라고 쓰여 있는데
사과가 어떻게 맛있게 읽는지	참 궁금했다.

74

사과가 책을 읽는다고?
맛있게?

① 사과가 <u>익었다는</u> 건　[O , X]

사과가 맛있는 때가 되었다는 거였다.

② 오늘은 사과 동화나 <u>읽어야겠다</u>.　[O , X]

답 ① O ② O

묶음 1 비슷한 소리를 가졌어요

㉞ 잊다 VS 잃다

잊다 — 알았던 것을 기억해 내지 못하다.

잃다 — 갖고 있던 것이 없어지다.

큰일 났다.

① 숙제를 잃어버렸다.
(O , X)

분명히 가방에 넣었는데……

허둥지둥 찾고 있는데

옆의 친구들은 장난을 치고 있길래

숙제를 가져왔냐고 물어봤더니

② 숙제가 있었다는 것조차 잊고 있었다.
(O , X)

묶음 1 비슷한 소리를 가졌어요

㉟ 저리다 VS 절이다

저리다
피가 잘 통하지 않아 둔하고 아리다.

절이다
재료를 소금, 설탕 등에 담가 간이 들게 하다.

쥐가 나면 **저려**

절이면 소금 / 젓갈

젓갈하면 오징어

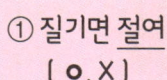

묶음 1 비슷한 소리를 가졌어요

㊱ **졸다 VS 줄다**

졸다
깨어 있으려 노력해도 자연스럽게 눈이 감기려고 하다.

줄다
어떤 것의 길이, 넓이 등이 작아지다.

수업 시간에 **졸다가**

꿈을 꿨다.

줄어요 마을이었다.

① 악어 아저씨 <u>졸고</u> 있었어요? (O , X)

② 응~ 키가 <u>줄어든</u> 아이구나, 잠깐 졸고 있었어! (O , X)

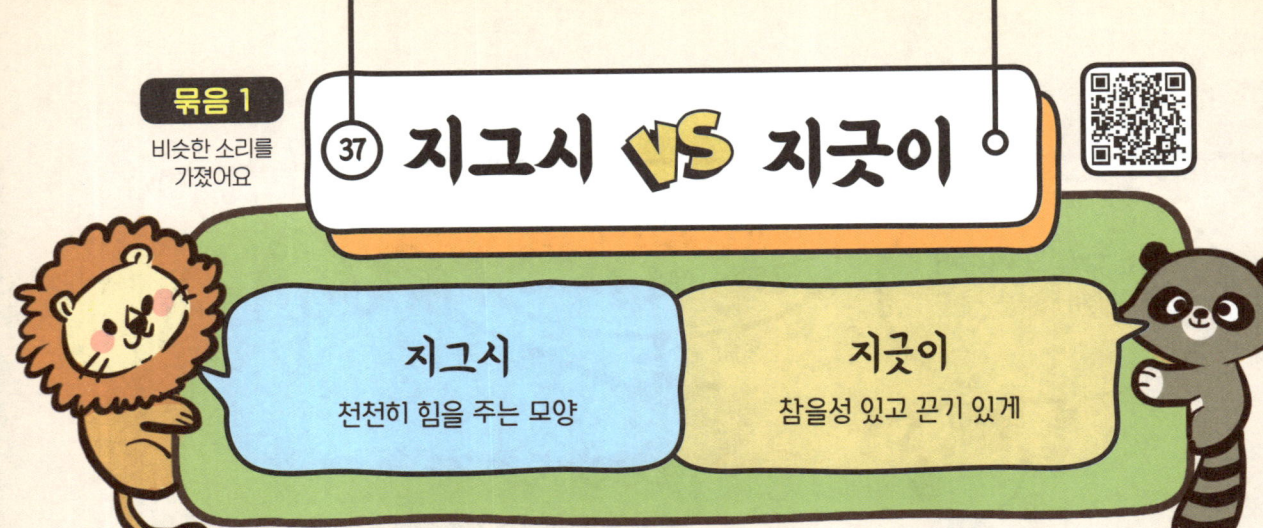

공부를 오래 하는 건 힘들다.

앉았다

일어났다

여기저기 돌아다니지 않으면

너무 지겹다.

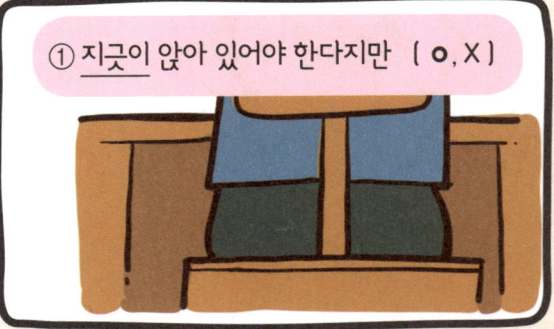

① 지긋이 앉아 있어야 한다지만 (O , X)

묶음 1
비슷한 소리를 가졌어요

㊳ 짓다 VS 짖다

짓다
밥을 만들거나 글을 쓰다.

짖다
동물이 울어서 소리를 내다.

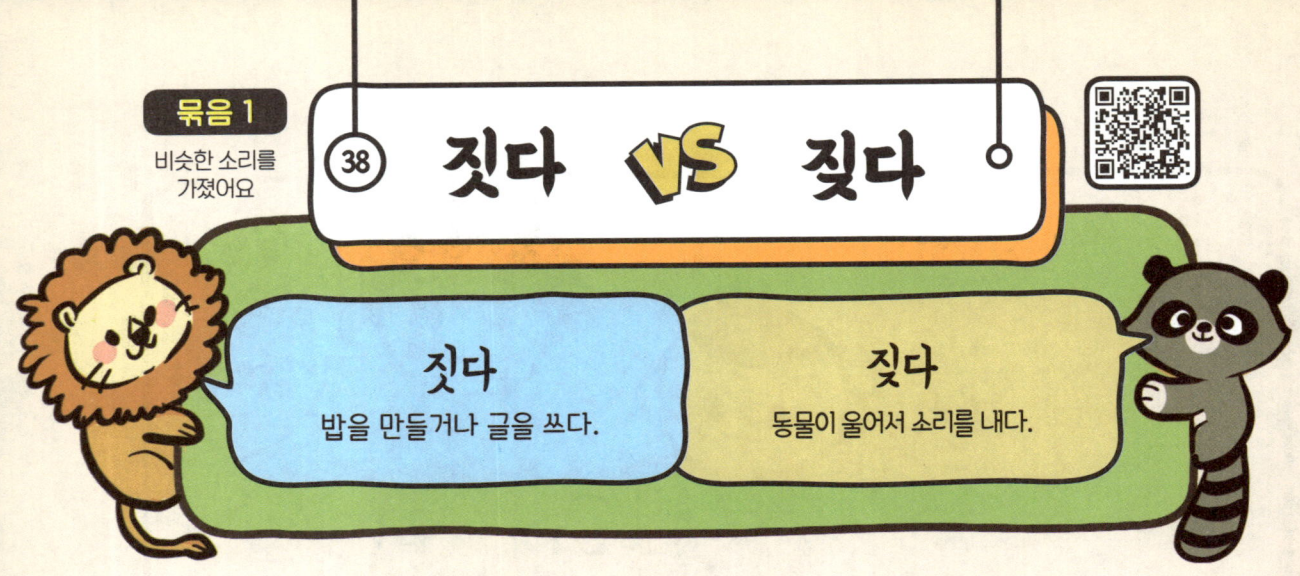

친구와 문장 만들기를 했다.

주제는 '짓다'

밥을 짓다.

약을 짓다.

노래를 짓다.

개가 짖다.

① 개가 무엇을 짓지? (O , X)

아! 개가 짖다.

② 개가 멍멍 짖다. (O , X)

멍멍!

갑자기 옆집 덩멍이가 짖는다.

답 ① X ② O

묶음 1 비슷한 소리를 가졌어요

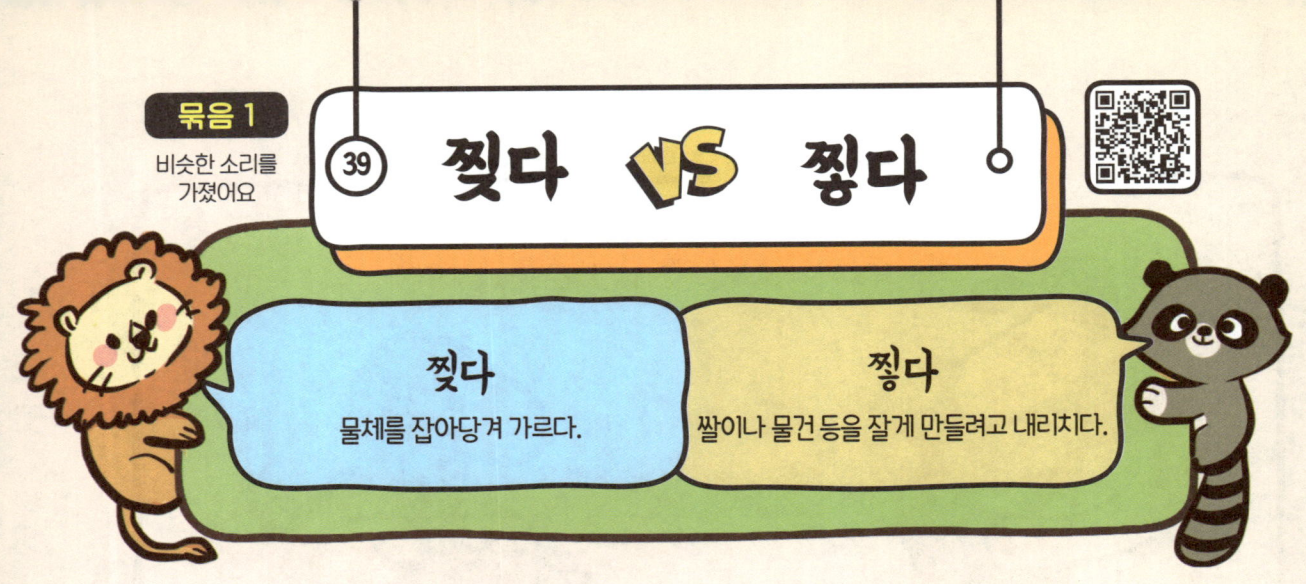

㊴ 찢다 VS 찧다

찢다 — 물체를 잡아당겨 가르다.

찧다 — 쌀이나 물건 등을 잘게 만들려고 내리치다.

달토끼 이야기가 바뀌면 어떻게 될까?

달에는

① 토끼가 방아를 찧고 있다는데 [O , X]

토끼가 힘 센 토끼였다면?

어쩌면…

② 방아를 찢을지도 모른다. [O , X]

그 토끼는 달을 지키는 수호천사일 것이다.

오늘은 일찍 잠자리에 들어야지.

왠지 수호천사 토끼가 꿈에 나올 것 같다.

묶음 1 비슷한 소리를 가졌어요

㊵ 해어지다 VS 헤어지다

해어지다(해지다)
어떤 것이 닳아지다.

헤어지다
모여 있던 것이 따로따로 흩어지다.

오늘은 친구네 가족과 만났다.

운동화가 **해어져서**

새 운동화도 샀고

맛있는 점심도 먹었다.

저녁까지 놀다가

밤이 되어 **헤어졌다.**

① 새로 산 운동화도 빨리 헤어지면 좋겠다. (O , X)

그러면 친구랑 또 만나서

재미있게 놀 수 있으니까.

② 해어지는 것은 늘 아쉽다.
(O , X)

답 ① X ② X

묶음 2
정확하게 써야 해요

㊶ ~것

~∨것
사람, 물건 등을 가리키거나 누구의 물건이라고 말할 때 쓰는 말

엄마께서 요리를 해 주셨다.

엄마께서 **해 주신∨것**은 다 맛있는데

① 밀가루가 들어간것은 더 맛있다. 〔 ㅇ , X 〕

나는 밀가루로 만든 음식은 뭐든 좋다.

특히 부침개를 사랑한다.

들어가는 재료는 무엇이든 좋다.

② 매운 것, 짠 것도 가리지 않는다.
(O , X)

오늘의 요리는 오징어가 들어간 파전이었다.

간장에 콕 찍어 먹으면

정말 꿀맛이다.

답 ① X ② O

묶음 2 정확하게 써야 해요

42 ~겸

~V 겸
둘 이상의 행동을 함께

오늘은 글짓기 숙제가 있다.

내가 가장 어려워하는 숙제다.
글짓기

선생님께서는 국어 **공부할**V **겸**
글짓기 = 공부

하루를 **정리할**V **겸** 쓰라고 하셨는데
글짓기 = 하루 정리

도저히 쓸 이야기가 없다.

쓰긴 써야 하는데…

묶음 2 정확하게 써야 해요

43. ~곳

~∨곳
어떤 자리나 지역

배경은 풀과 나무가 **많은**∨**곳**이었다.

오늘은 난센스 퀴즈 게임을 했다.

첫 번째 갈림길에 이렇게 쓰여 있었다.

① 이상한 사람들만 가는 곳은?
(O, X)

치과!

통과
히히

묶음 2 정확하게 써야 해요

44. ~대

~∨대
반대되거나 차이가 나는 둘 이상을 짝지어 나타낼 때 쓰는 말

동생이 씩씩거리며 말했다.

내가 **2대∨1**로 졌어!

친구랑 달리기 시합을 한 모양이다.

재미있게 놀면 되는 거라고 말했지만

① 다음에는 <u>2대 0</u>으로 이기겠단다. (O , X)

② 여유를 가져 봐~ <u>100대 0</u>으로 져도 뭐 어때? (O , X)

묶음 2 정확하게 써야 해요

45 ~등

~∨등

여러 가지를 말할 때 쓰는 말, 같은 종류의 것이 더 있음을 나타내는 말

사탕, 젤리, 초콜릿∨등
맛있는 게 얼마나 많은데!

아빠는 왜 단것을 먹지 말라고 하실까?

오늘도 내 방을 정리하고

① 신발, 소파 등을 정리하고 나서야
(O , X)

아빠께 초콜릿을 받았다.

내일도 먹고 싶은데…

묶음 2 정확하게 써야 해요

46. ~만큼

~∨ 만큼
그 정도

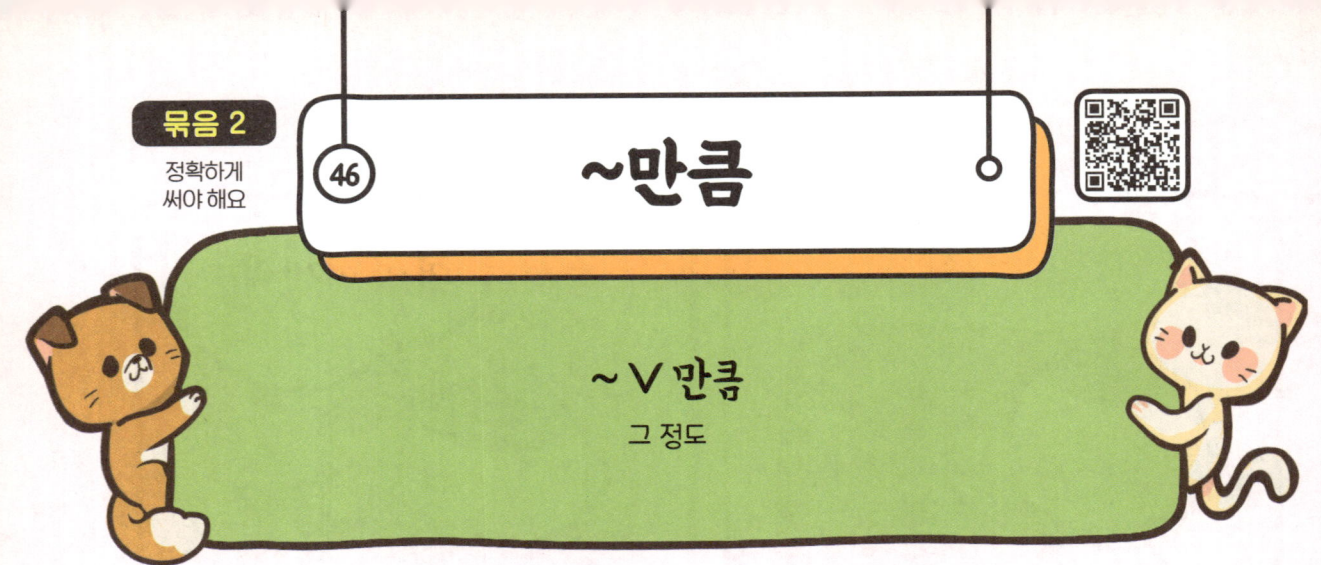

오늘은 아주 중요한 것을 깨달았다.

노력한∨만큼
열매를 맺는다.

일기 숙제가 있었는데

검사하지 않을 것 같아서 하지 않았다.

그런데 선생님께서 갑자기

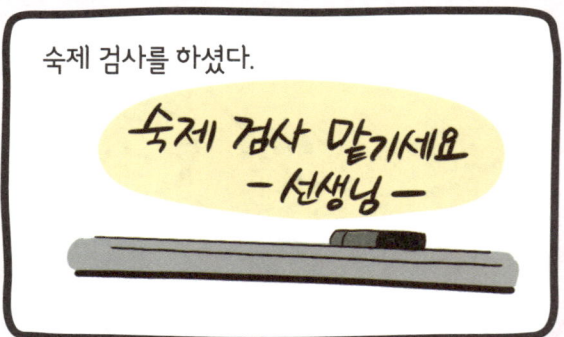
숙제 검사를 하셨다.
숙제 검사 맡기세요
-선생님-

묶음 2 정확하게 써야 해요

47 ~및

~∨및
'그리고, 그 밖에, 또'처럼 쓰이는 말

동생과 슈퍼에 심부름을 갔다.

엄마께서 복숭아를 사오라고 하셨다.

가게 앞에 이렇게 쓰여 있었다.
사과, 배 ∨ 및 복숭아 팝니다

배 및 복숭아라고?

동생은 사과, 배, 복숭아를 모두 파는 거라고 말했지만

나는 복숭아가 없을 수도 있을 것 같았다.

묶음 2 정확하게 써야 해요

48 ~자루

~∨자루
연필, 펜 등을 셀 때 쓰는 말

친구들에게

학교에 연필 **다섯**∨**자루**는 가져 오자.

그러면 매일 나한테 빌리지 않아도 되고

수업 시간에 연필 깎느라 눈치 볼 일도 없고

묶음 2 정확하게 써야 해요

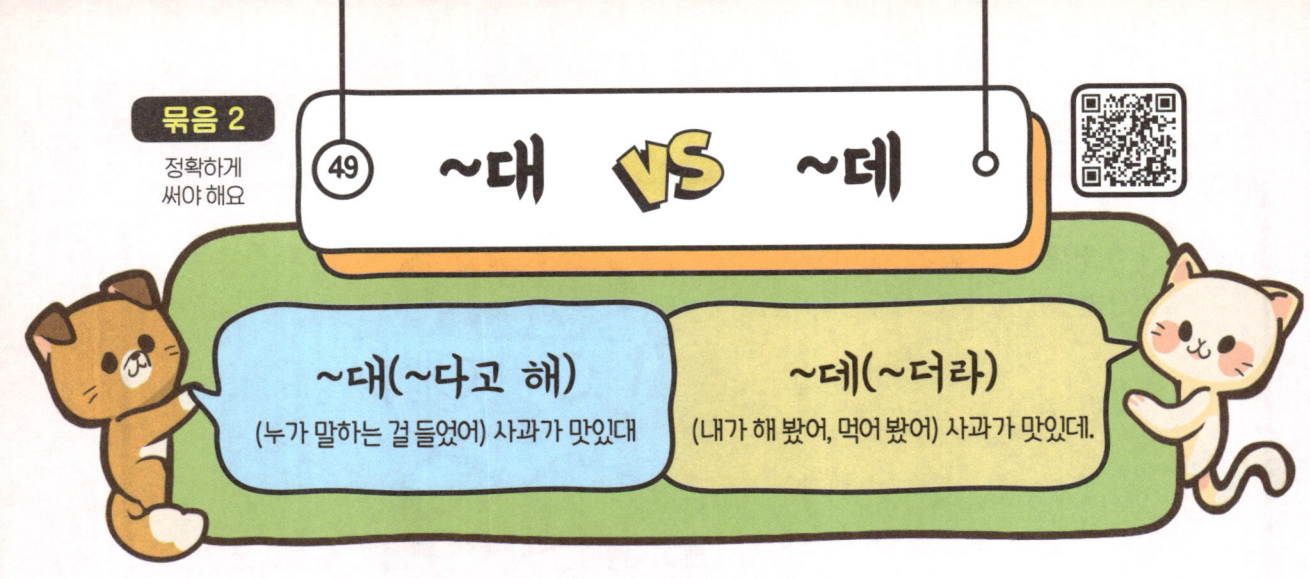

㊾ ~대 VS ~데

~대(~다고 해)
(누가 말하는 걸 들었어) 사과가 맛있대.

~데(~더라)
(내가 해 봤어, 먹어 봤어) 사과가 맛있데.

나는 부모님의 전달자이다.

영화에 나오는 부엉이처럼

특히 아빠와 엄마가 다투신 후에는

내 역할이 정말 중요하다.

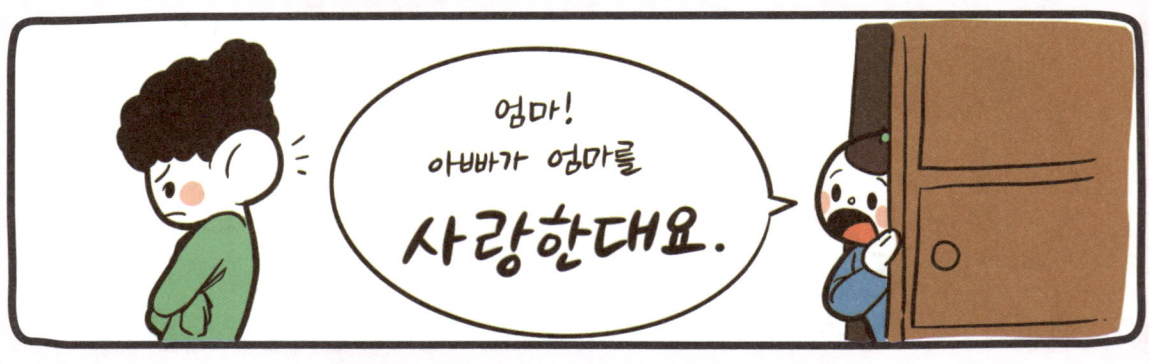

엄마! 아빠가 엄마를 사랑한대요.

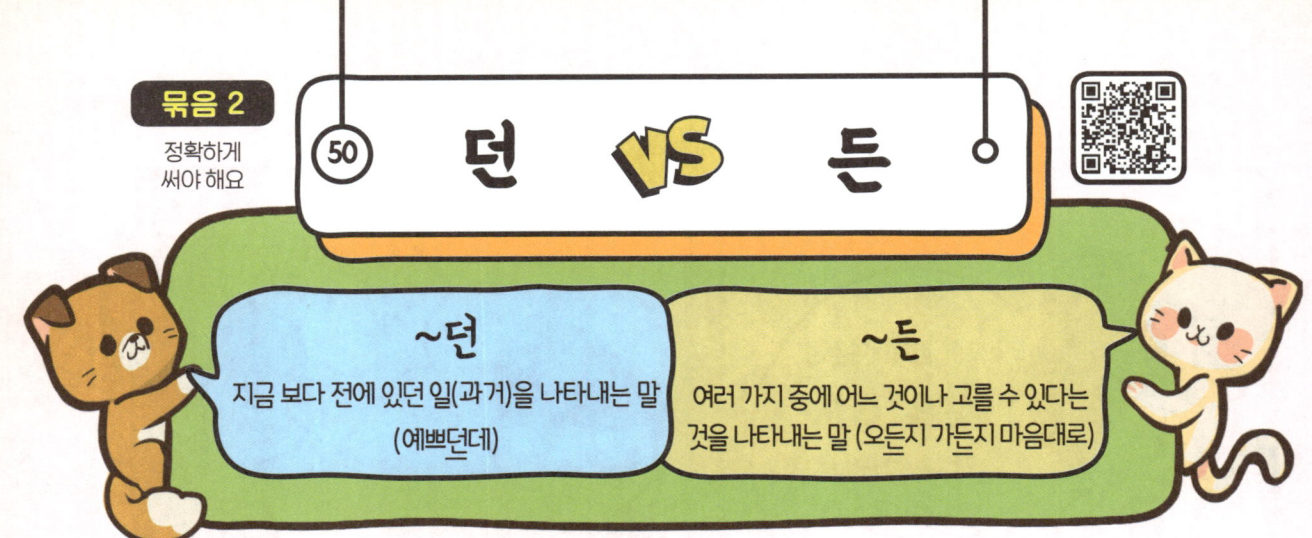

묶음 2 정확하게 써야 해요

50 던 VS 든

~던
지금보다 전에 있던 일(과거)을 나타내는 말
(예쁘던데)

~든
여러 가지 중에 어느 것이나 고를 수 있다는 것을 나타내는 말 (오든지 가든지 마음대로)

동물에 관한 책을 읽다가

재미있는 사실을 알았다.

부엉이는 사실 다리가 엄청 길다.

사진을 보고 얼마나 웃었**던**지!

고양이는 코**든** 입이**든** 마음대로 선택해서 냄새 맡을 수 있다.

코뿔소의 뿔은 사실 여드름이다.

놀랐지?

코알라는 아기 코알라에게 똥을 먹인다.

① 이걸 알고 얼마나 놀랐던지 (O , X)

② 누구든 들으면 좋아하겠지? (O , X)

내일 친구들에게 말해 줘야겠다.

답 ① O ② O

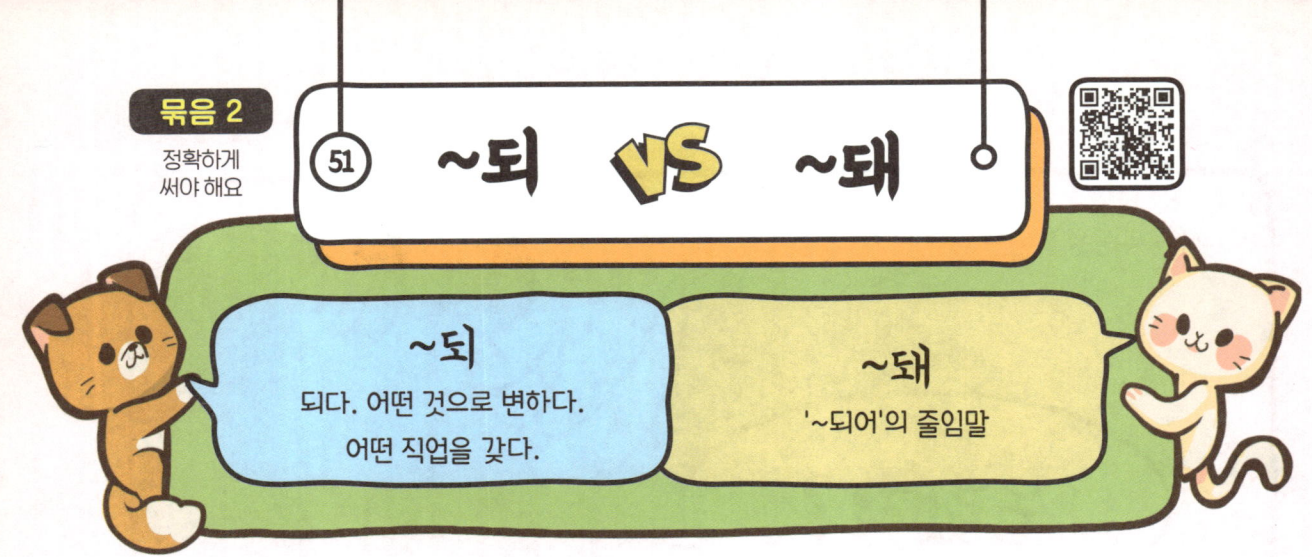

묶음 2 정확하게 써야 해요

51 ~되 VS ~돼

~되
되다. 어떤 것으로 변하다.
어떤 직업을 갖다.

~돼
'~되어'의 줄임말

학교에서 장래희망을 발표했다.

친구들은 **되고** 싶은 것이 각자 달랐다.

회장은 의사가 되고 싶다고 했고,

다른 친구는 화가가 되고 싶다고 했다.

① 나는 무엇이 돼고 싶은지 잘 모르겠다. (O , X)

선생님
축구선수
건축가

묶음 2 정확하게 써야 해요

52. 로서 VS 로써

로서	로써
~라는 자격으로(지위, 신분, 관계)	~를 이용해서(도구, 재료)

학교에 참견하기 좋아하는 친구가 있다.

오늘도 내가 하는 일에 참견을 했다.

친구로서 이야기 하는 건데

당근이 싫어도 인내로써 참고 먹어 봐.

당근볶음밥

왜 잘난 척인지 모르겠다.

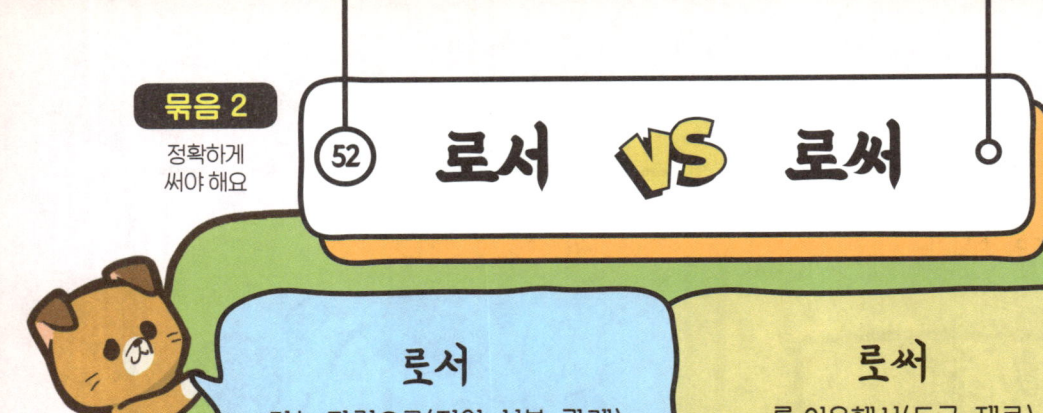

선생님께 말씀드렸더니 이렇게 말씀하셨다.

112

① 자꾸 싸우지 말고 대화로써 풀어보자.
(O, X)

② 너를 아끼는 사람으로서 얘기한 것 뿐이야.
(O, X)

참견하지마! 그게 나를 아끼는 거야.

과연 친구가 변할까?
모르겠다.
아이스크림으로써
기분을 달래야겠다.

답 ① O ② O

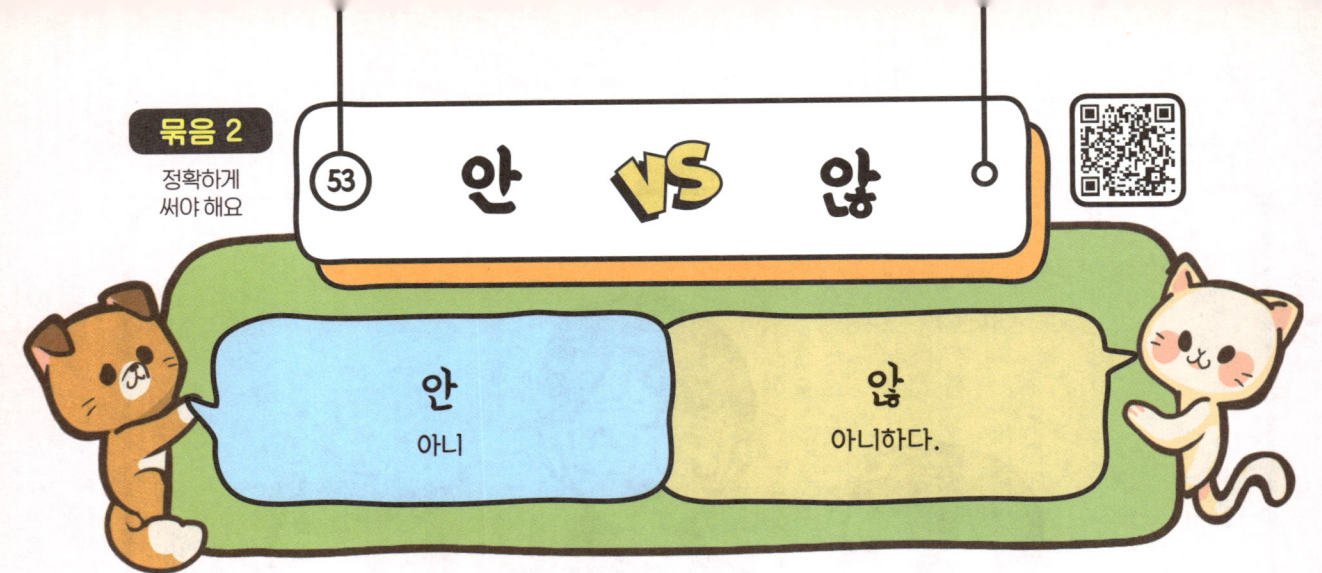

엄마께서 떡볶이를 해 주셨다.

아빠와 동생은 떡만 골라 먹었고

떡을 **안** 먹는 나는 어묵만 먹었다.

엄마는 드시지 **않**았는데

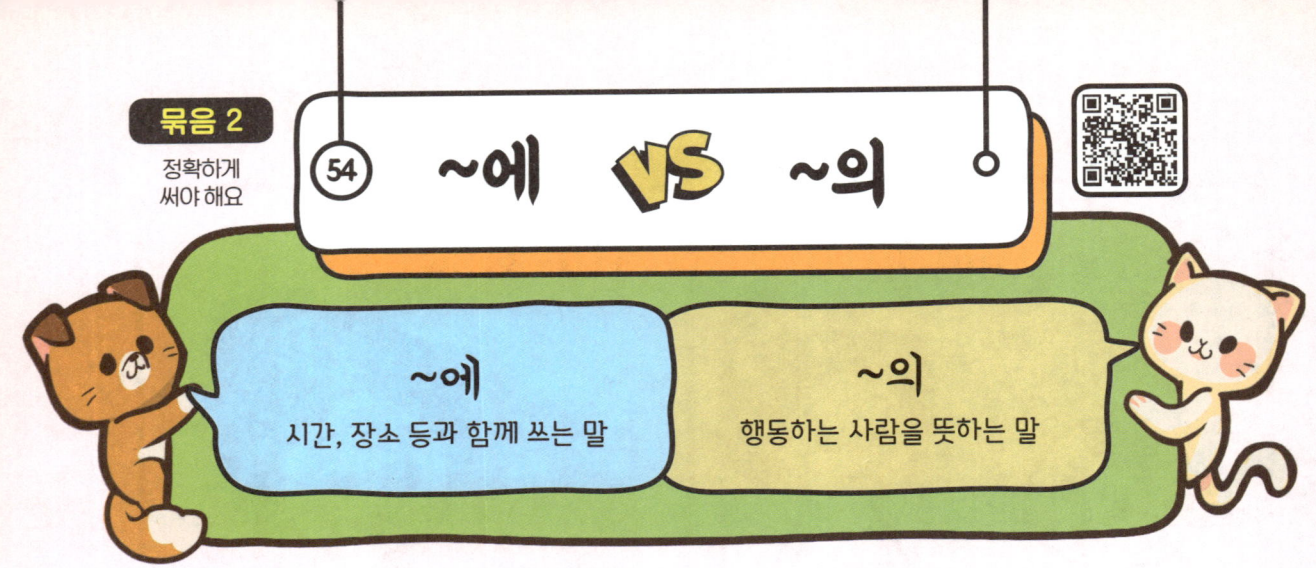

묶음 2 정확하게 써야 해요

54 ~에 VS ~의

~에 시간, 장소 등과 함께 쓰는 말

~의 행동하는 사람을 뜻하는 말

친구랑 주말에 가고 싶은 곳 3!

1위
놀이공원

2위
워터 파크나 스키장

3위
캠핑장

모두 부모님의 허락이 필요하지만

① 우리의 부탁이
라면 들어주실
것이다.
(O , X)

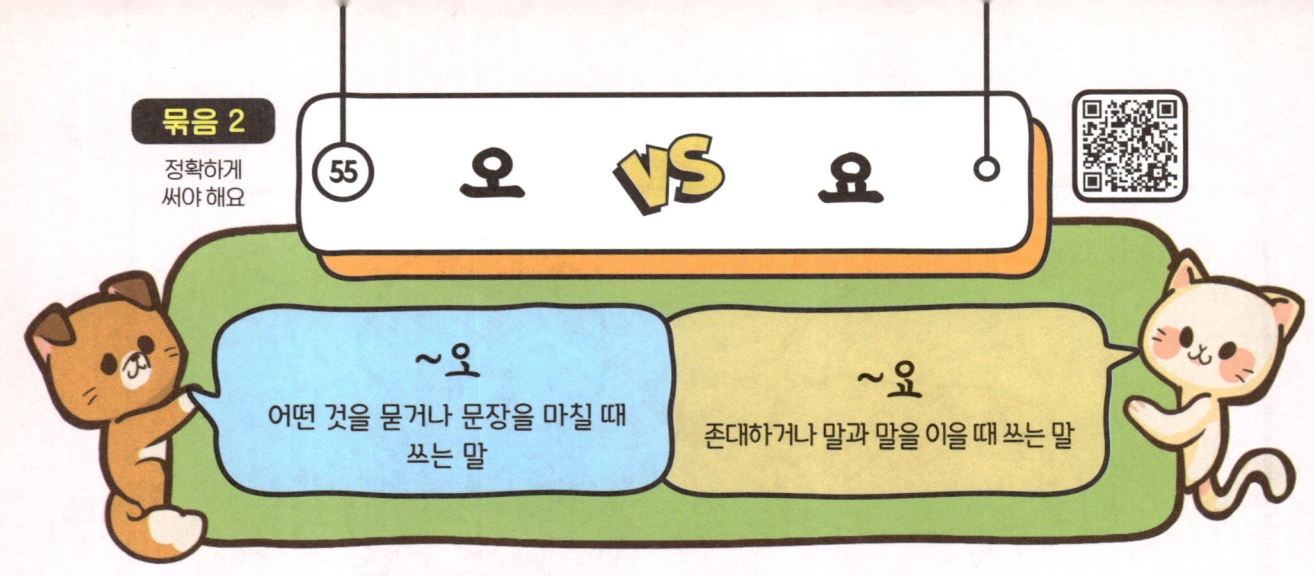

묶음 2 정확하게 써야 해요

55 오 VS 요

~오 : 어떤 것을 묻거나 문장을 마칠 때 쓰는 말

~요 : 존대하거나 말과 말을 이을 때 쓰는 말

오늘은 진지한 척 장난치는 날이었다.

친구랑 교실 앞문에서 선생님을 기다리다가

"어서 오십시<u>오</u>."라고 하자

선생님께서 "감사하오."라고 하셨다.

친구들에게 돌아다니면서

① "책을 펴<u>시요</u>."라고 얘기하자 (O, X)

묶음 2 정확하게 써야 해요

56. 장이 VS 쟁이

~장이
어떤 능력, 솜씨를 가진 사람, 전문가
(옹기장이, 대장장이)

~쟁이
어떤 특징, 성질을 가진 사람
(겁쟁이, 떼쟁이, 멋쟁이)

고민해결사를 구합니다.
-요술**쟁이** 구합니다.-

안녕하세요?
저는 고민이 많은
어린이입니다.

요즘 저는 어느 것을 고를까요?라는 병에 걸렸어요.

저는 겁**쟁이**거든요.

선택한 뒤에 어떤 일이 생길지

너무 무서워요.

1번 선택 → 속상한 일이 일어난다.
2번 선택 → 힘든 일이 일어난다.

① 고민장이가 되어버렸어요. (O , X)

어떨 때는 내가 요술쟁이였으면 좋겠다고 생각해요.

모두 내 마음대로 되어라! 얍!

② 평소에는 개구쟁이 지만 이런 면도 있 어요. (O , X)

절대 후회하지 않을 선택이 있을까요?

답 ① X ② O

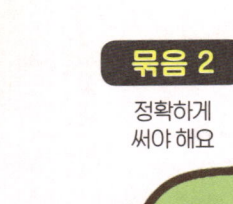

묶음 2 정확하게 써야 해요

57 깨끗이 VS 깨끗히

깨끗이
더럽지 않다.

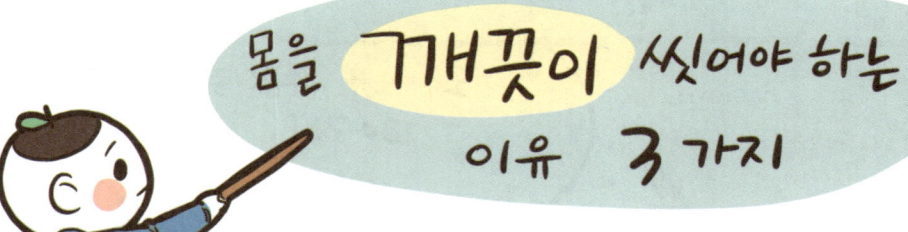
몸을 **깨끗이** 씻어야 하는 이유 3가지

내가 몸을 안 닦고 누워 있으니, 엄마께서

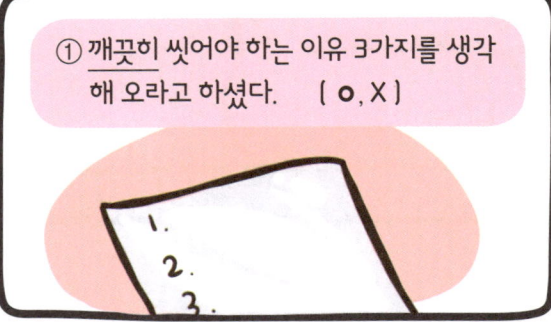
① 깨끗히 씻어야 하는 이유 3가지를 생각해 오라고 하셨다. (O , X)

음… 첫째, 친구들이 싫어할 수 있다.

둘째,
이를 안 닦으면 이가 썩을 수 있다.

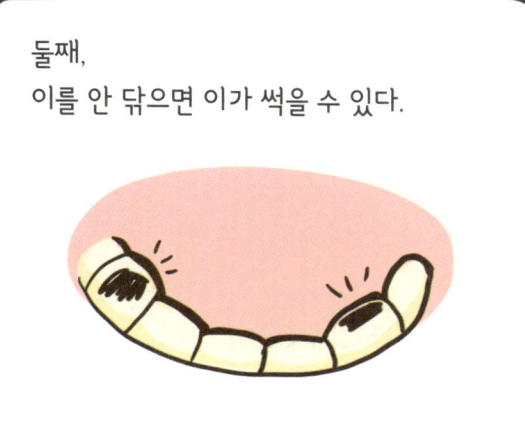

그러면 치과에 가야 한다. 아프다.

셋째,
발을 안 닦으면 발 냄새가 난다.

특히 친구 집에 가면 부끄러울 수 있다.

생각해보니 내 손해다.

② 앞으로 구석구석 깨끗이 잘 씻어야겠다.
[O , X]

답 ① X ② O

묶음 2 정확하게 써야 해요

58 뒤꿈치 VS 뒷꿈치

뒤꿈치
발바닥과 발목 사이의 볼록한 부분

쿵쿵쿵쿵

아, 벌써 5시가 되었나 보다.

① 위층의 누군가가 <u>뒤꿈치</u>로 걸어 다니는 소리 (O , X)

꼭 5시부터 나기 시작한다.

윗집에 공룡이 사는 것 같다.

묶음 2 정확하게 써야 해요

59 우유갑 VS 우윳갑

우유갑
우유가 담겨 있는 작은 상자

드디어 결과가 나왔다.

우리 반이 1등을 했다!

지난 한 달 동안
4월 ← 거북선 만들기 →

우리 반이 **우유갑**으로 거북선을 만들었는데

상을 탄 것이다.

① 그동안 친구들과 먹은 우유갑을 헹구고 (O , X)

묶음 2 정확하게 써야 해요

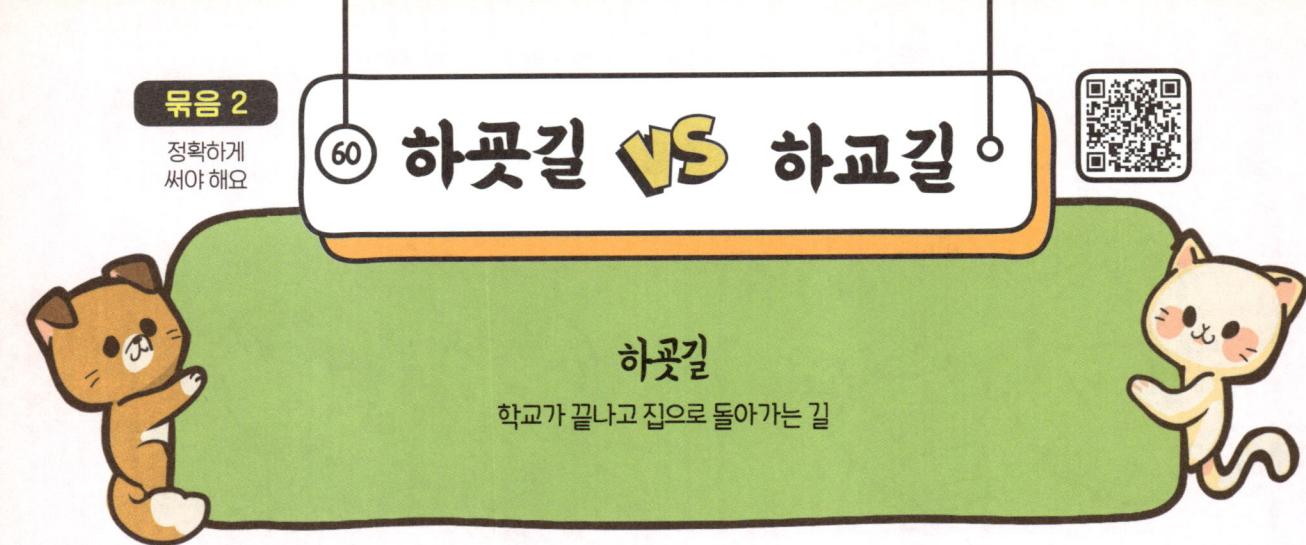

하굣길
학교가 끝나고 집으로 돌아가는 길

하굣길은

즐거우면서도 고민이 된다.

왜냐하면 가게 가게 가게 가게

분식집 떡볶이 천국

문방구 우리 문방구

묶음 3
둘 다 맞아요

61 굽신 VS 굽실

굽신, 굽실
다른 사람에게 비굴하게 행동하는 모습

목마른 사람이 우물을 판다는 말은

멍멍이에게도 통하는 것 같다.

내가 과자를 먹을 때면

늘 내 옆에 와서 **굽신/굽실**거리니까.

바스락 소리만 나도

어느새 옆에 와 있다.

묶음 3 둘 다 맞아요

62 노라네 VS 노랗네

노라네, 노랗네
레몬, 개나리꽃 등과 같은 색이다.

가을이다.

엄마께서 "은행잎 좀 봐, 노~랗네." 라고 하셨다.

하늘을 보니 온통 노랗고 빨갛다.

국화도 **노라네/ 노랗네**

① 꿀벌도 ㄴ ㄹ ㄴ

세상이 온통 예쁜 노랑이다.

묶음 3 둘 다 맞아요

63 마라 VS 말아라

마라, 말아라
그만두어라.

하지 **마라/말아라**라고 하면

하지 말아야 한다.

너는 도대체

무슨 이유로

내 얼굴에 방귀를

그렇게 자주 뀌는 건지

묶음 3 — 둘 다 맞아요

64. 만날 VS 맨날

만날, 맨날
매일, 계속해서

엄마, 저 머리 아파요.

만날/맨날
게임만 하니까 그렇지.

엄마, 배가 안 고파서 저녁 안 먹을래요.

맨날 앉아서 핸드폰만 하니까 그렇지.

엄마, 기분이 안 좋아요.

① ㅁ ㄴ
TV만 보니까 그렇지.

묶음 3 둘 다 맞아요

65 보고 싶다 VS 보고프다

보고 싶다, 보고프다
만나고 싶다. 그립다.

이상하게 금요일 저녁에는

많은 것들이
보고 싶다. / 보고프다.

따뜻한 치킨

바삭하고 쫄깃한 탕수육

고소한 피자

① 너희들이 ㅂㄱㅅㄷ.

묶음 3 둘 다 맞아요

66 삐지다 VS 삐치다

삐지다, 삐치다
마음에 안 들어서 토라지다.

학원 선생님께 편지를 써 드렸는데

오늘은 어른도 **삐진다/삐친다**는 걸 알았다.

하필 작년의 선생님이 옆에 계셨다.

선생님은? 섭섭하네~
선생님이 이렇게 말씀하셨다.

장난인 것 같았지만 눈이 슬퍼 보였다.

① 뒷모습을 보니 ㅃㅈ신게 확실했다.

140

나는 아무 생각 없었는데…

② 삐지신 선생님을 어떻게 풀어 드려야 할까?
[O, X]

오늘 쓴 것보다 훨씬 더 길게 편지를 써 드려야겠다.

묶음 3 둘 다 맞아요

67 쌉싸래하다 VS 쌉싸름하다

쌉싸래하다, 쌉싸름하다
쓴맛이 조금 난다.

주말에 놀러 갔다가

맛이 이상한 먹을거리를 사 왔다.
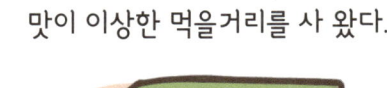
(녹차가루가 들어있어요)

나는 맛이 있는 것도 같고, 없는 것도 같은데

아빠께서 **쌉싸래해서/쌉싸름해서** 그렇다고 하시기에

학교에 가져가 보기로 했다.

히히~ 어떻게 될까?

묶음 3 둘 다 맞아요

68 예쁘다 VS 이쁘다

예쁘다, 이쁘다
생김새가 보기에 좋다. 사랑스럽다.

동네 공원으로 산책을 갔다.

벚꽃이 활짝 피어 있었다.

연한 분홍색 꽃들이 너무 **예뻤다/이뻤다.**

가만히 귀를 기울여 보니 벌들이 날아다니는 소리가 났다.

144

① 솜털이 보송하게 난 꿀벌도 예뻤다.
(O , X)

봄에 보이는 것들은

② 참 ⓞ ㅃ ㄷ.

봐도 봐도 질리지 않는 예쁜 벚꽃

봄이 길었으면 좋겠다.

답 ① O ② 예쁘다, 이쁘다

묶음 3 둘 다 맞아요

69 주책없다 VS 주책이다

주책없다, 주책이다
자꾸 이랬다저랬다 하다.

요즘 내 마음이 오락가락한다.

우리 반에 나를 좋아하는 애가 있다.

내가 좋아하는 애는 따로 있는데

요즘에는 누가 더 좋은지 모르겠다.

왜 자꾸 바뀌는 거야? 형도 참 주책이다! / 주책없다!

묶음 3 둘 다 맞아요

70 자장면 VS 짜장면

자장면, 짜장면
중국 된장에 고기와 채소 등을 볶아 면과 함께 먹는 음식

오늘은 동생과 아빠가 요리를 한다.

자장면/짜장면을 만든다고 하는데

동생은 아빠께 재료를 갖다 드리고

아빠께 진짜 요리를 하신다.

① 어떤 맛의 ㅉㅈㅁ이 나올까?

②  내가 <u>자장면</u>을 먹는 건지   (ㅇ, X)

 크레파스를 먹는 건지 모르겠다.

 어딘가 많이 잘못된 것 같다.

 짜장면은 시켜 먹는 게 제일 맛있는 것 같다.

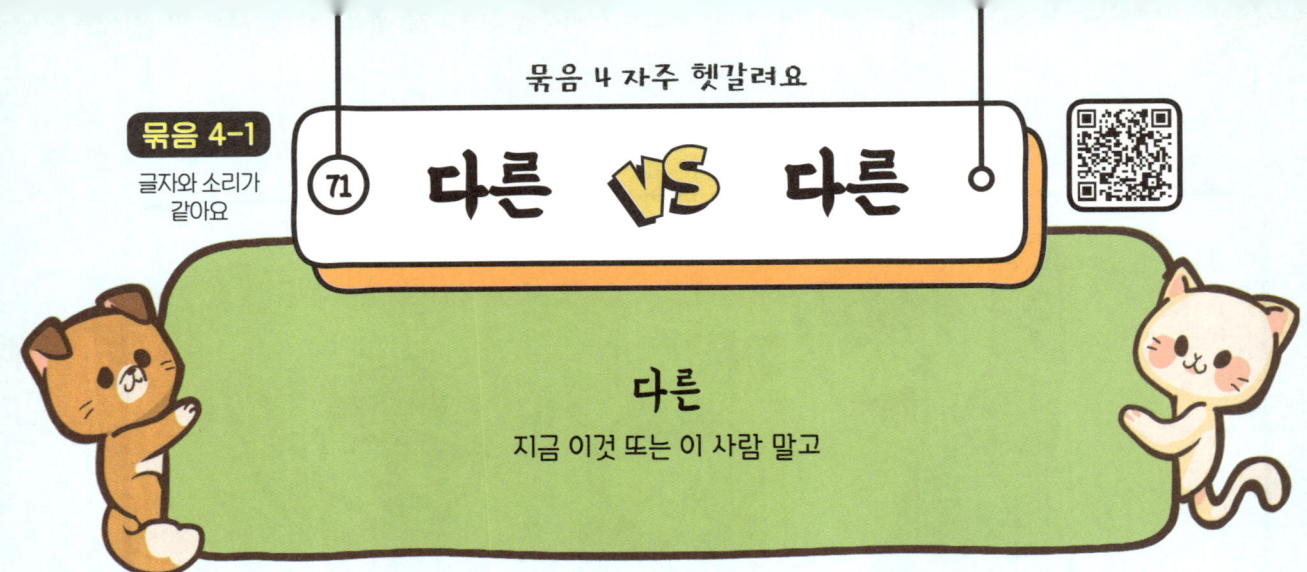

묶음 4-1 글자와 소리가 같아요

⑦ 다른 VS 다른

묶음 4 자주 헷갈려요

다른
지금 이것 또는 이 사람 말고

오늘 아주 중요한 걸 배웠다.

반찬 투정을 하면 더 안 좋은 게 온다.
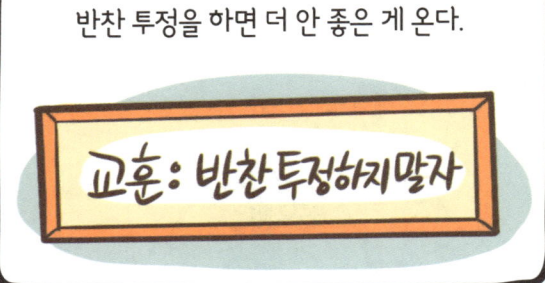
교훈: 반찬투정하지말자

아빠께서 저녁에 달걀부침을 해 주셔서

동생이랑 내가 이렇게 말했다.

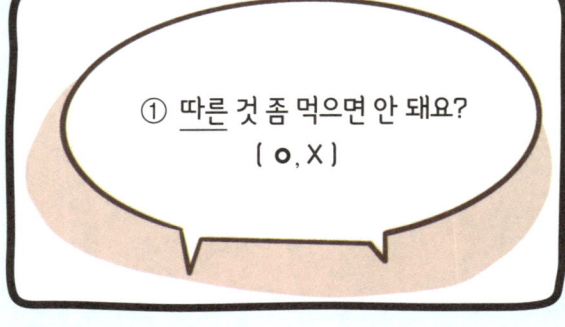
① 따른 것 좀 먹으면 안 돼요?
(O , X)

엄마께서 그 말을 듣고 나오시더니

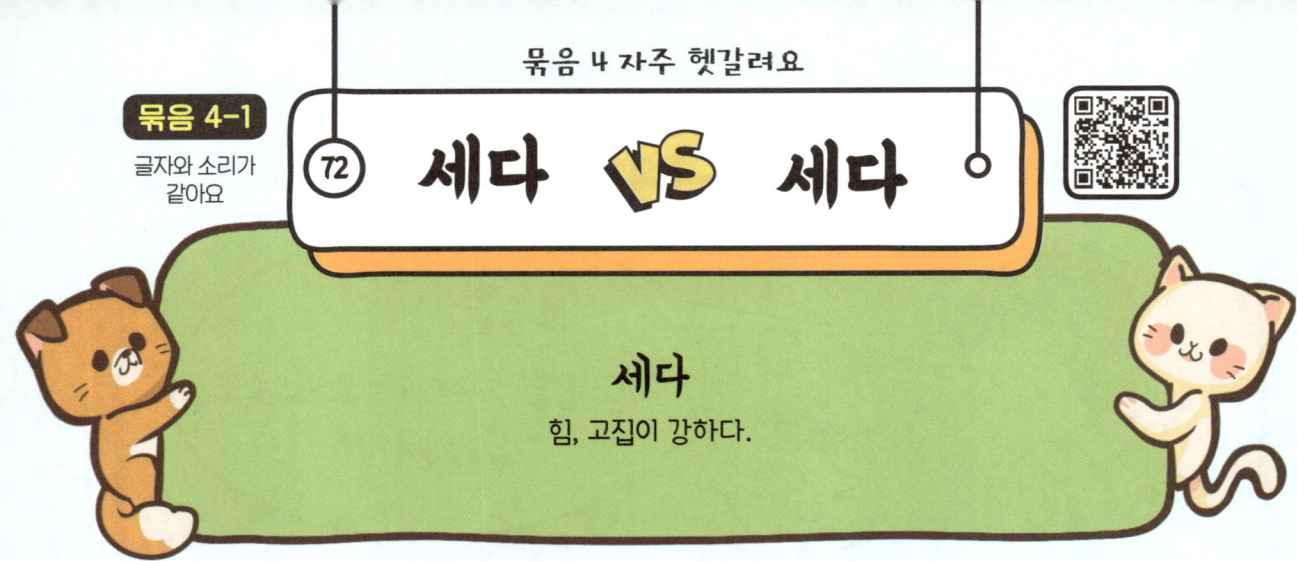

묶음 4 자주 헷갈려요

묶음 4-1 글자와 소리가 같아요

72 세다 VS 세다

세다
힘, 고집이 강하다.

사촌 누나가 놀러왔다.

사촌 누나는 이쁘고 착한데

① 고집이 쎄다. (O , X)

게임은 자기가 첫 번째로 한다고 하고

절대로 양보하지 않는다.

다른 때는 착한데

묶음 4 자주 헷갈려요

묶음 4-1 글자와 소리가 같아요

73 좀 VS 쫌

좀
조금을 줄인 말

오늘은 **좀** 힘들고 짜증이 났다.

엄마께서는 내 말은 안 들어 주시고 동생 말만 들어 주신다.

참아 보려고 했는데

맨날 동생 말에만 웃어 주시는 것 같다.

엄마께서 동생만 좋아 하니까 질투가 난다.

① 쫌… 쫌 많이 난다.
(O , X)

154

동생이 귀엽지만, 질투도 나서 힘들 때가 많다.

맛있는 건 동생한테 줘도 되는데

② 부모님 사랑은 좀 아닌 것 같다.
(O , X)

하루만이라도 나 혼자 다 가져 봤으면 좋겠다.

묶음 4-1
글자와 소리가 같아요

묶음 4 자주 헷갈려요

74 쩨쩨하다 VS 째째하다

쩨쩨하다
마음이 넓지 못하고 좁다.

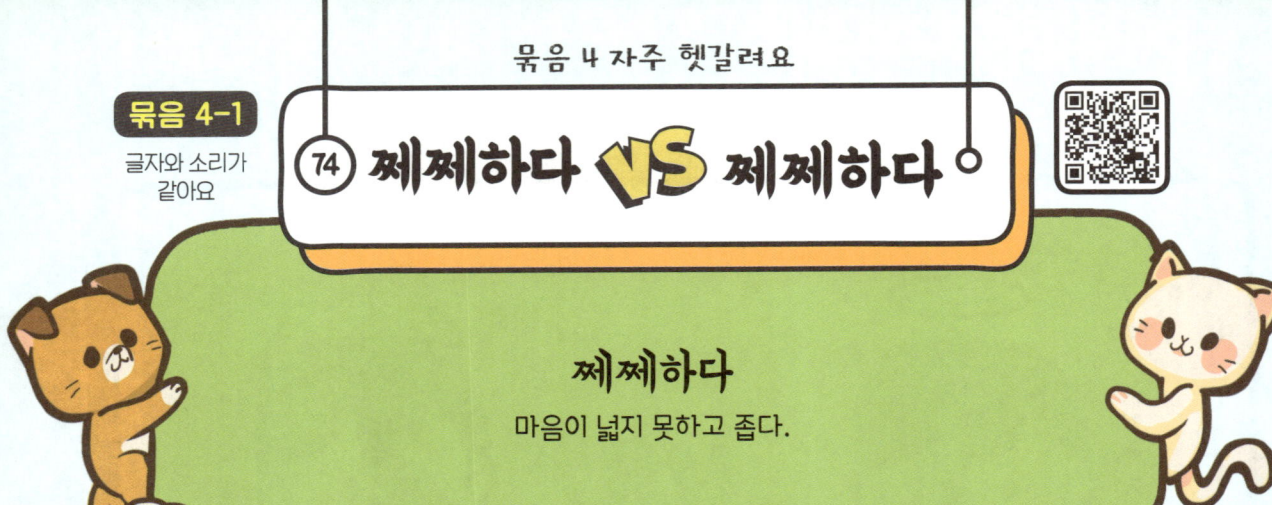

오늘의 사건은

① 쩨쩨한 친구에 관한 일이다.
(O , X)

학교에서 과자 파티를 했다.

각자 간식을 가져와서

조금씩 모아서 같이 먹기로 했다.

그런데 어떤 친구가 정말 조금만 내놓았다.

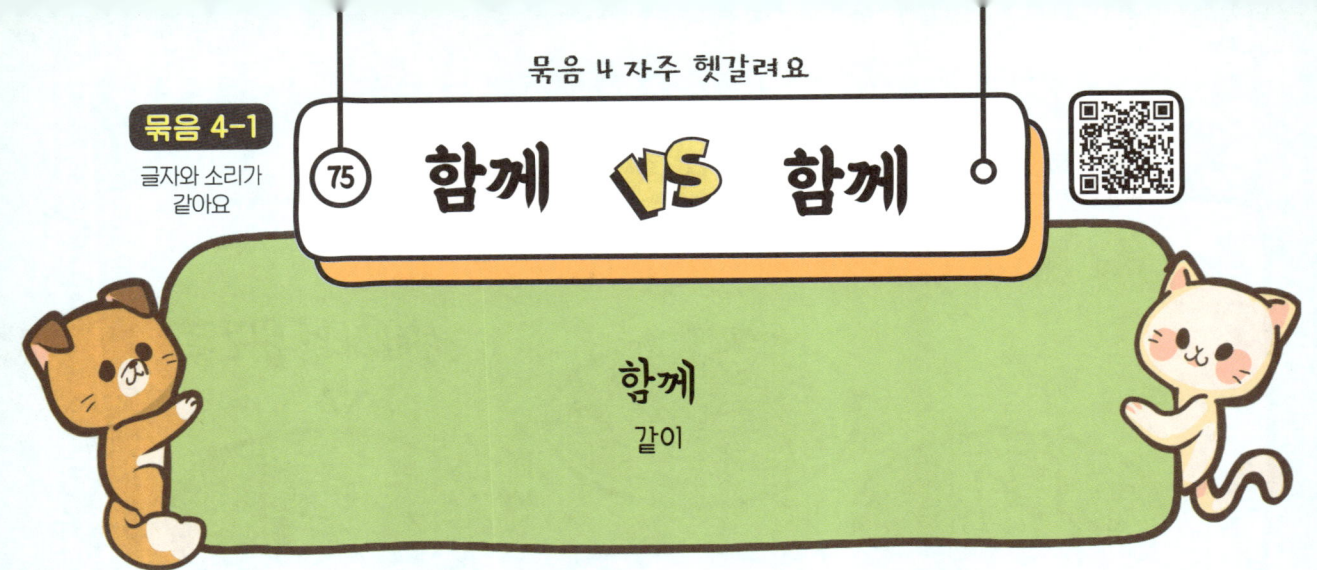

묶음 4-1 글자와 소리가 같아요

75 **함께** VS **함께**

묶음 4 자주 헷갈려요

함께
같이

오늘 신기한 경험을 했다.

① 친구와 <u>함께</u> 길을 걷고 있는데 (O , X)

달이 따라왔다.

② 마치 달과 <u>함께</u> 걷는 것 같았다. (O , X)

저러다 달이 떨어지면 어떻게 하지?

친구랑 내가 빨리 걸었더니

158

묶음 4-2
글자와 소리가 달라요

묶음 4 자주 헷갈려요

76 계세요 VS 게세요

계시다
있다의 높임말

오늘은 친구 동생과 함께 놀았다.

얼음땡 놀이를 했는데

친구 동생이

① "가만히 계세요!"라고 해서 (O , X)

엄청 귀여웠다.

집에 갈 때는

② "안녕히 게세요."라고 했다. 〔 O , X 〕

나도 "안녕히 가세요."라고 했다.

인심 써서 친구에게도 똑같이 인사해줬다.

"안녕히 가세요."

재미있는 하루였다.

답 ① O ② X

묶음 4-2 글자와 소리가 달라요

묶음 4 자주 헷갈려요

까닭 VS 까닥

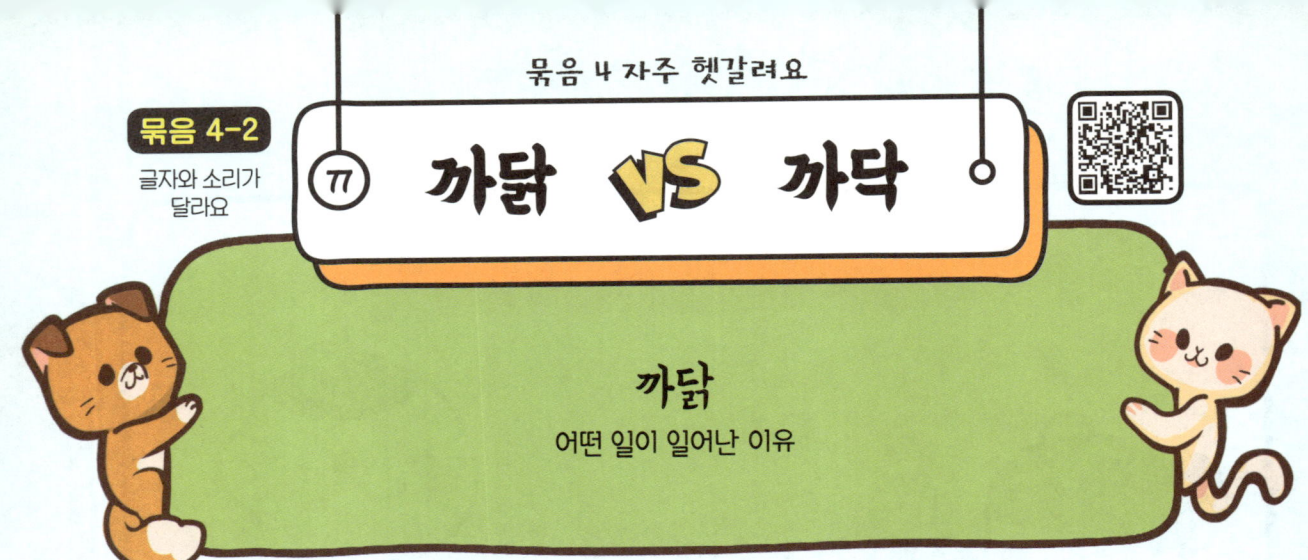

까닭
어떤 일이 일어난 이유

학교에서 국어 시간에

교과서를 읽었는데

까닭이 무엇인지 묻는 질문이 계속 나왔다.

까닭은?
까닭을 쓰시오.
까닭이 무엇인가요?

① 주인공이 우는 까닭
(O , X)

② 누나가 화난 까닥
(O , X)

까닭을 알면 이유를 이해할 수 있어서

배우기 쉽다.

동생이 내 물건을

자꾸 만지는 까닭도 알고 싶다.

묶음 4 자주 헷갈려요

묶음 4-2 글자와 소리가 달라요

⑦⑧ 깎다 VS 깍따

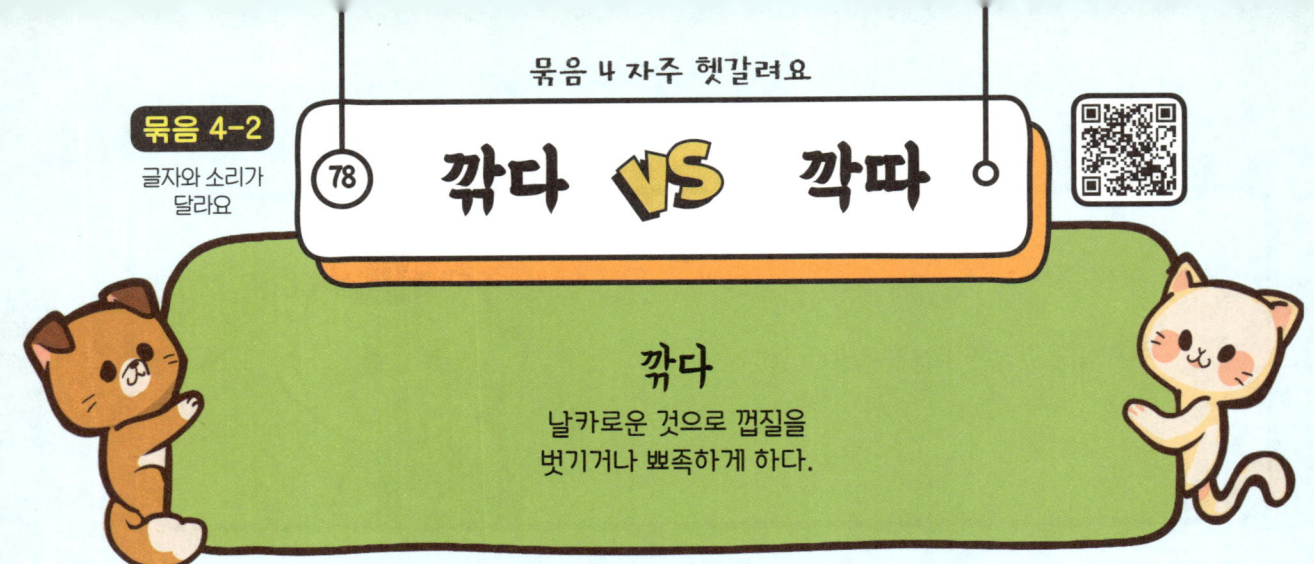

깎다
날카로운 것으로 껍질을 벗기거나 뾰족하게 하다.

태어나서 처음으로

사과를 **깎았다**.

어린이용 칼로

열심히 깎았는데

① 다 깎고 나니
[O , X]

사과가 반만 남았다.

② 과일을 <u>깎는</u> 건 어렵구나.
[ㅇ, X]

매일 과일을 깎아 주신 부모님께

감사해야겠다.

묶음 4-2 글자와 소리가 달라요

㉗ **낯선** VS **낟썬**

묶음 4 자주 헷갈려요

낯선
본 적이 없어 잘 모르다.

친구란 뭘까?

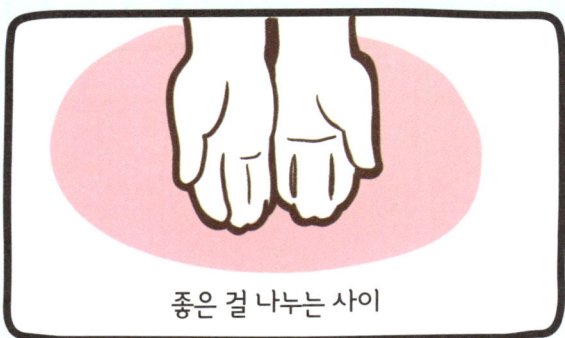
좋은 걸 나누는 사이

맛있는 건 나누는 사이

① 갑자기 친절해진 낯선 네 모습 (O , X)

입가에 묻은 그것

낯설지 않은 그것은 혹시…

묶음 4-2
글자와 소리가 달라요

묶음 4 자주 헷갈려요

⑧⓪ **넓은 VS 널븐**

넓은
마음이 너그러운

나는 짜장면을, 친구는 짬뽕을 먹었다.

친구와 중국 음식을 먹었다.

친구가 먹고 있는 짬뽕에 눈길이 가도

꾹 참았는데

친구가 짜장면을 한 입만 달라고 해서

먹으라고 했다.

168

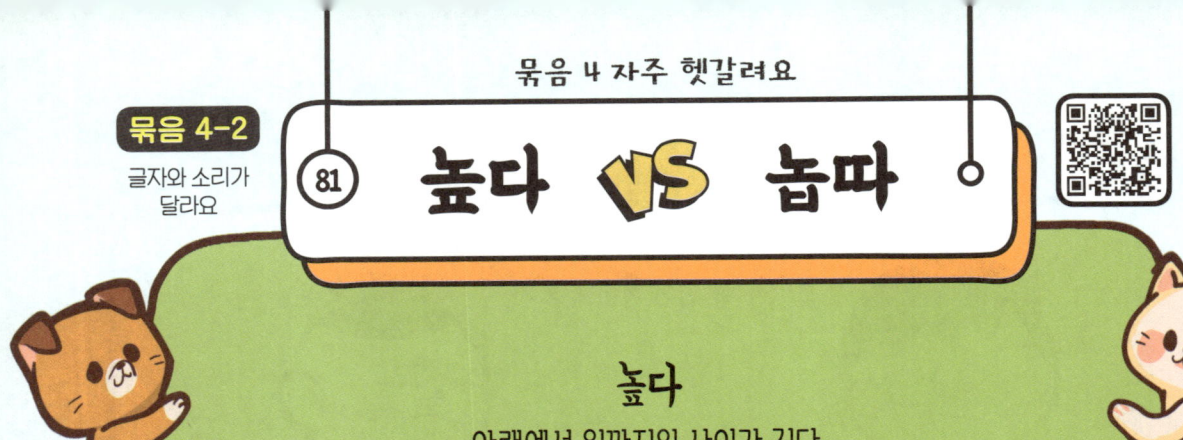

묶음 4-2
글자와 소리가 달라요

묶음 4 자주 헷갈려요

81 높다 VS 놉따

높다
아래에서 위까지의 사이가 길다.

오늘은 동생과 국어 공부를 했다.

오늘의 단어는 '**높다**'

'높다'라는 단어가 언제 쓰이는지 동생에게 가르쳐 줬다.

높다 VS 낮다

산이 높다. 파도가 높다.

동생이 이렇게 물어봤다.

하늘도 높을 수 있어?

내가 말했다.

응. 하늘이 멀어 보이면 높다고 해.

170

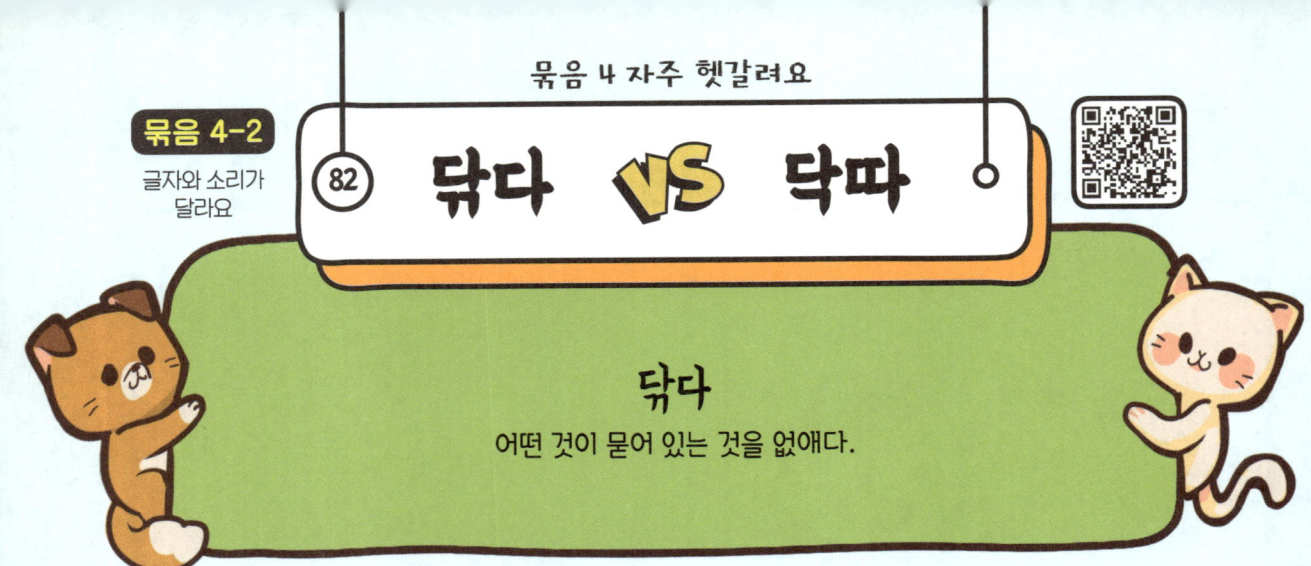

묶음 4-2
글자와 소리가 달라요

묶음 4 자주 헷갈려요

닦다 VS 닥따

닦다
어떤 것이 묻어 있는 것을 없애다.

① 밥을 먹고 나면 입을 잘 닦아야 한다.
[O, X]

학교가 끝나고

놀이터에서 친구를 만났다.

배고파?

무슨 말이야?

묶음 4-3
잘못 쓰기 쉬워요

묶음 4 자주 헷갈려요

83 **때문에** VS **때메**
(땜에)

때문에
어떤 일이 일어나게 된 까닭

아이스크림은 최고의 선물이다.

오늘 그 선물을 받았는데

엄청난 일이 벌어졌다.

친구 **땜에**…

묶음 4-2
글자와 소리가 달라요

묶음 4 자주 헷갈려요

84 떨어뜨리다 VS 떠러뜨리다

떨어뜨리다
위에 있던 것이 아래로 내려가다.

선생님도 실수를 하신다.

선생님께서 쉬는 시간에 화장실에서

① 핸드폰을 떨어뜨렸다고 하셨다.
[O, X]

우리 반 친구들은 모두 놀랐다.
악! 으악!

② 괜찮아요. 저는 변기에 떠러뜨린 적도 있는걸요.
[O, X]

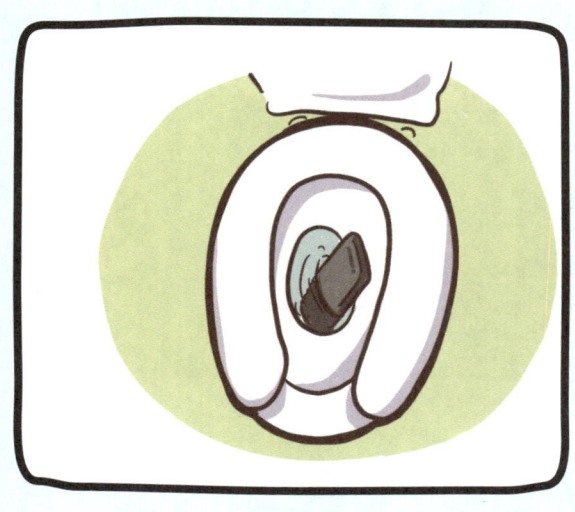

물건은 손에 잘 쥐고 있어야 한다.

떨어뜨려서
망가지면 속상하기 때문이다.

앞으로 중요한 것은

목에 잘 걸고 다녀야겠다.

묶음 4-2 글자와 소리가 달라요

묶음 4 자주 헷갈려요

⑧⑤ 많이 VS 마니

많이
양이 원래 정해진 것보다 넘는 것

내가 제일 좋아하는 말은?

주말!

왜냐하면

늦잠도 잘 수 있고

① 많이 놀 수 있기 때문이다. (O , X)

이번 주말에는

묶음 4-2
글자와 소리가 달라요

묶음 4 자주 헷갈려요

86 밟으면 VS 발브면

밟다
어떤 것을 발로 힘주어 누르다.

또 시작이다.

아빠의 장난이 시작됐다.
씨익—

맛있는 것을 다 드시거나

내 물건을 숨기시거나
슥—

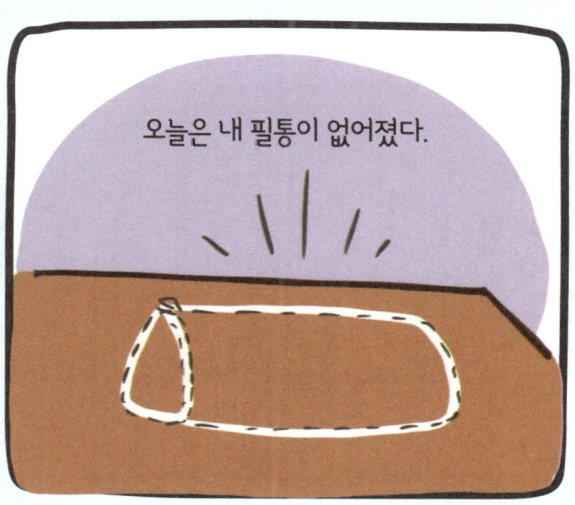
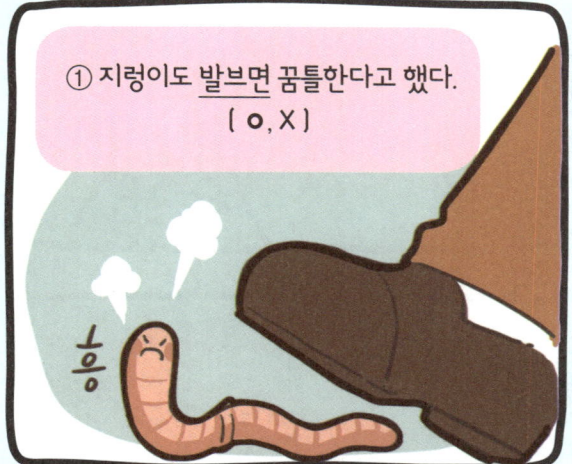

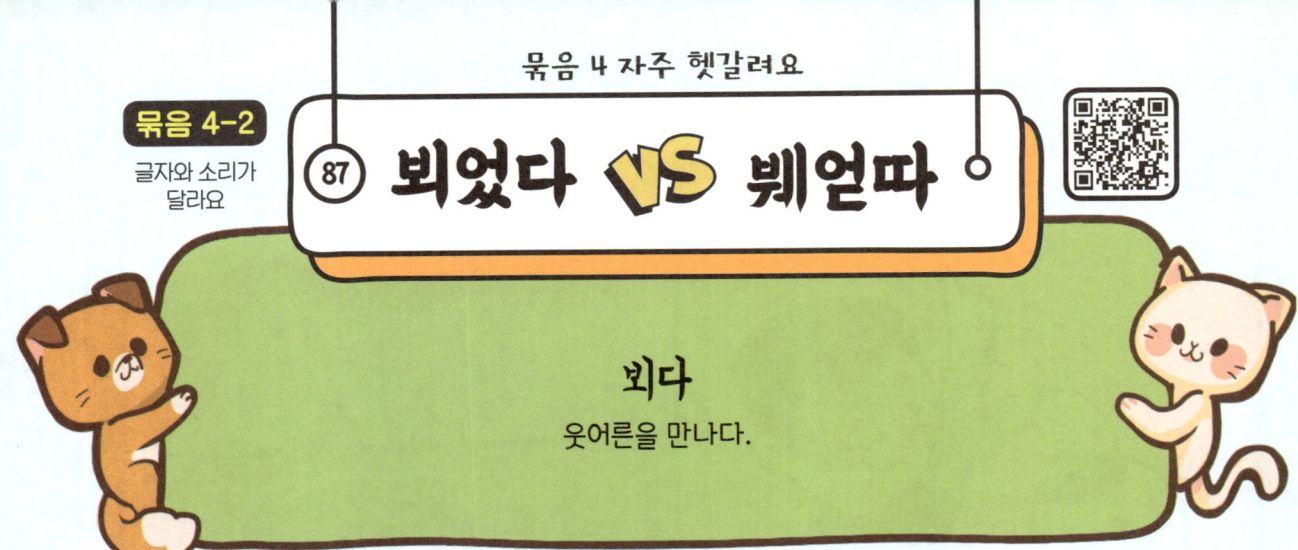

묶음 4-2 글자와 소리가 달라요

87 뵈었다 VS 뵈얻따

묶음 4 자주 헷갈려요

뵈다
웃어른을 만나다.

오랜만에 할머니를 **뵈었다**.

방학 때와는 다르게

할머니께서 더 늙으신 것 같았다.

① 자주 뵈면 좋을 텐데… (O , X)

② 오랜만에 뵈어서 그런 것 같다.
(O , X)

할머니께서는 늘 잘해 주신다.

182

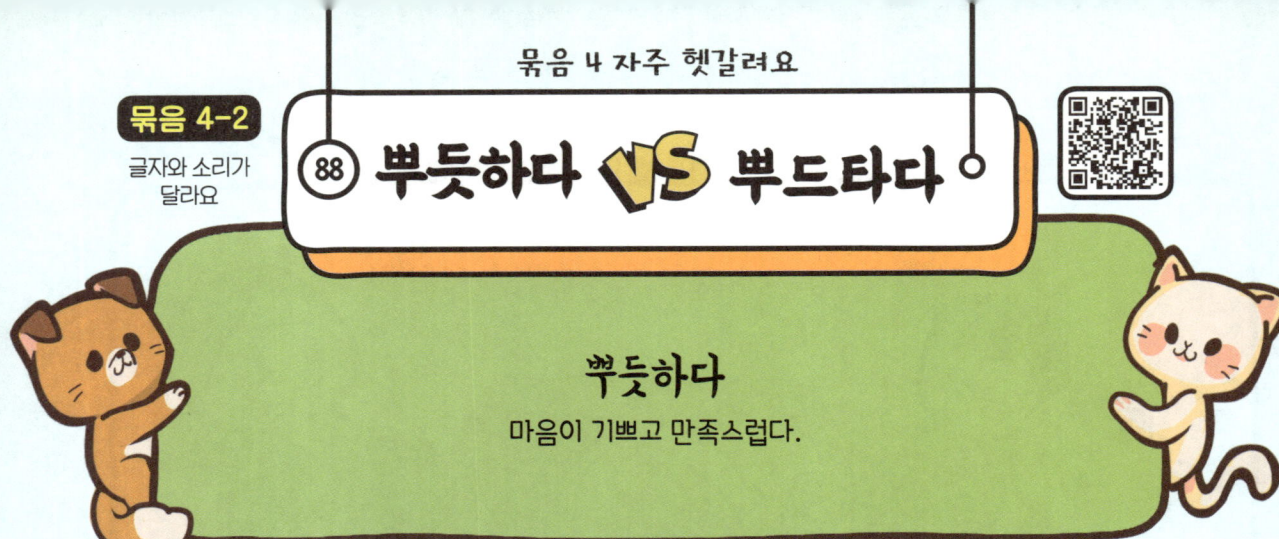

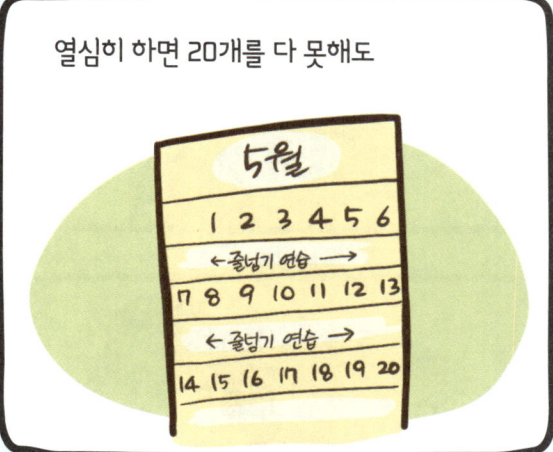

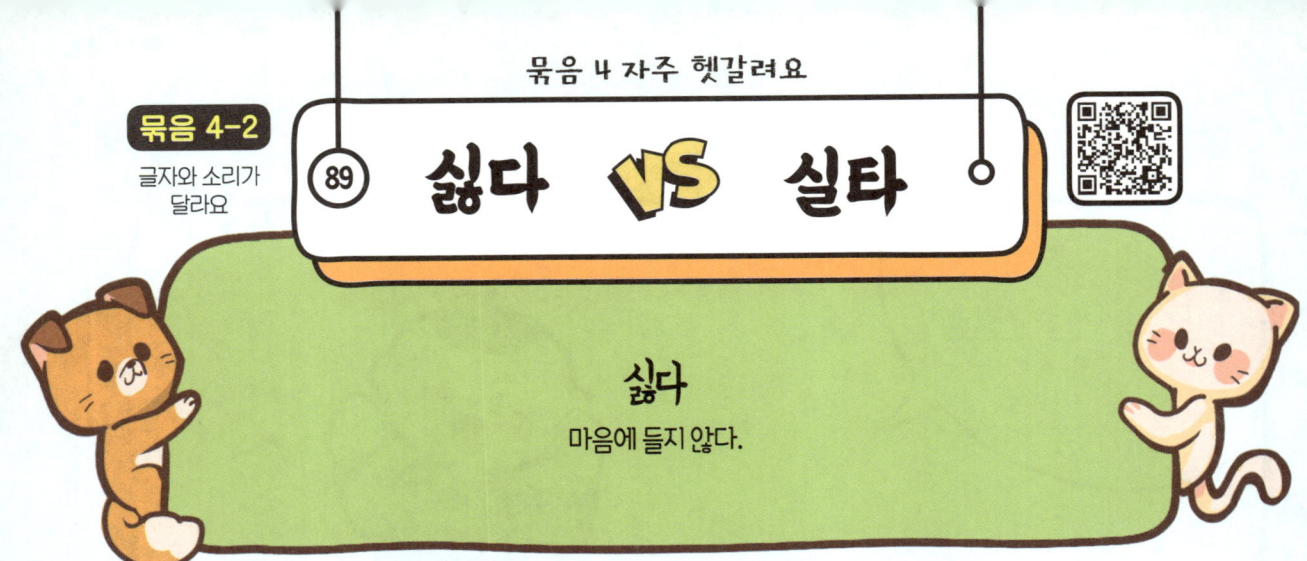

묶음 4-2
글자와 소리가 달라요

묶음 4 자주 헷갈려요

89 싫다 VS 실타

싫다
마음에 들지 않다.

어른들은 내가 어려서 좋겠다고 하신다.

하지만 나는 어려서 싫다.

① 내가 어린이인 게 실타.
(O , X)

놀러 가려면 허락을 받아야 하고

맛있는 것도 마음대로 못 먹는다.

치과에 가야 하기 때문이란다.

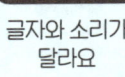
묶음 4-2
글자와 소리가 달라요

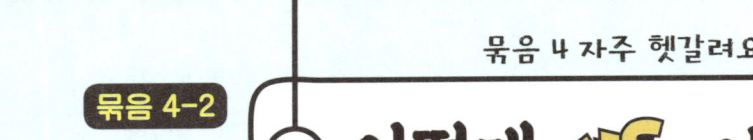
묶음 4 자주 헷갈려요
⑨⓪ 어떻게 VS 어떠케

어떻게
어떤 방법으로 혹은 어떤 이유로

오늘은 아빠가 힘들어 보이셨다.

① '어떻게 하면 아빠를 웃게 할 수 있을까?' 생각하다가 [O , X]

아빠께 퀴즈를 냈다.

아빠, 가장 뜨거운 과일이 뭔지 아세요?
글쎄…?

천도복숭아요
ㅅㅅㅅㅅ앗뜨뜨

바나나가 웃으면 뭐라고 할까요?

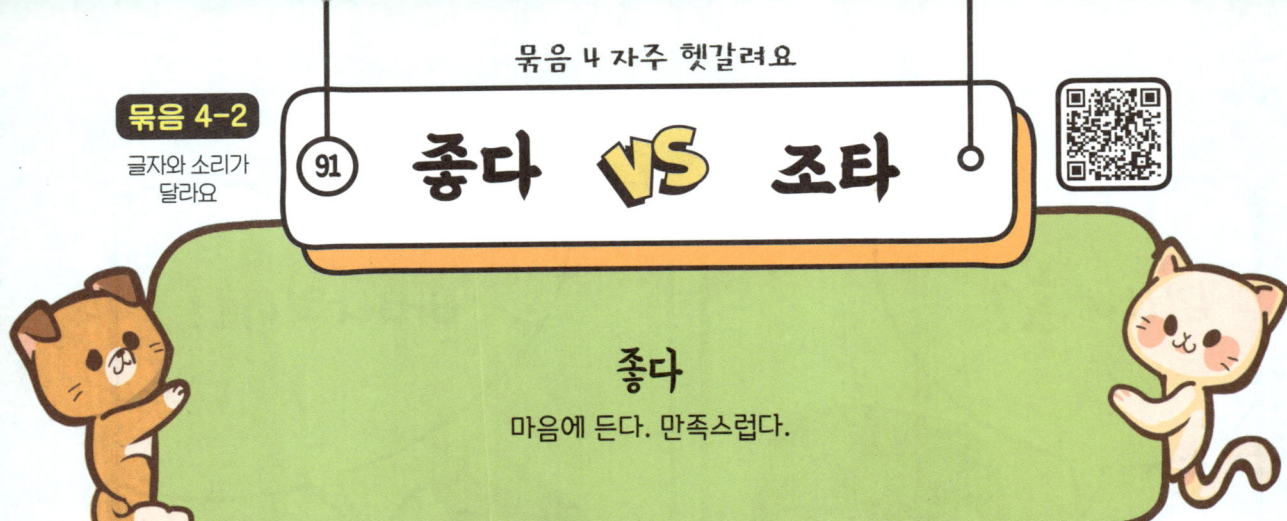

묶음 4-2
글자와 소리가 달라요

묶음 4 자주 헷갈려요

91 좋다 VS 조타

좋다
마음에 든다. 만족스럽다.

드디어 줄넘기 대회 날이다.

친구와 함께 연습도 하고

운동화 끈도 단단히 맸다.

내 차례가 다가오니

심장이 터질 것 같았다.

성공하면 얼마나 좋을까?

묶음 4-3
잘못 쓰기 쉬워요

묶음 4 자주 헷갈려요

92 쪄서 VS 쩌서

찌다
뜨거운 김에 음식을 익히다.

나는 만두를 정말 좋아한다.

하루 세끼를 만두만 먹을 만큼!
오늘의 식단
아침: 만두
점심: 만두
저녁: 만두

만두에는 여러 종류가 있는데

내가 제일 좋아하는 건 찐만두이다.

① 찐만두는 쪄서 만든 만두이다.
[O , X]

② 군만두는 쪄서 만드는 게 아니라
(O , X)

구워서 만든다.

그런데 만두는 어떻게 만들어도 다 맛있다.

오늘도 집에 가서 만두를 먹어야겠다.

찐만두로!

답 ① O ② X

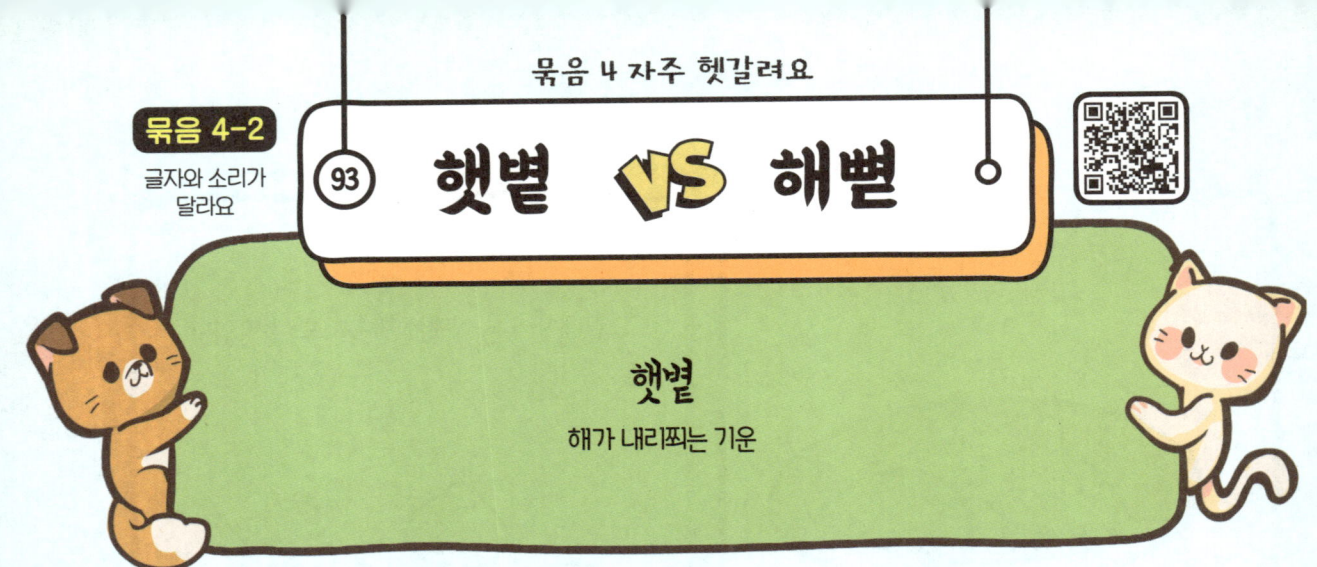

묶음 4 자주 헷갈려요

묶음 4-2 글자와 소리가 달라요

93 **햇볕** VS **해뻗**

햇볕
해가 내리쬐는 기운

오늘은 날씨가 정말 좋았다.

햇볕이 따뜻하고

구름 한 점 없었다.

가족들과 공원에 나가서

① 햇볕을 마음껏 쬐고 (O , X)

맛있는 것도 먹었다.

묶음 4 자주 헷갈려요

묶음 4-2 글자와 소리가 달라요

94 **헷갈리다 VS 헬깔리다**

헷갈리다
정확하지 않고 아리송하다.

사는 건 어려운 것 같다.

우리 반에 내가 좋아하는 애가 있는데

① 자꾸 나를 헷갈리게 한다.
[ㅇ , X]

어떤 때는 친절하게 대하고

어떤 때는 쌀쌀맞다.

'내가 뭘 잘못했지?' 생각해 봤지만

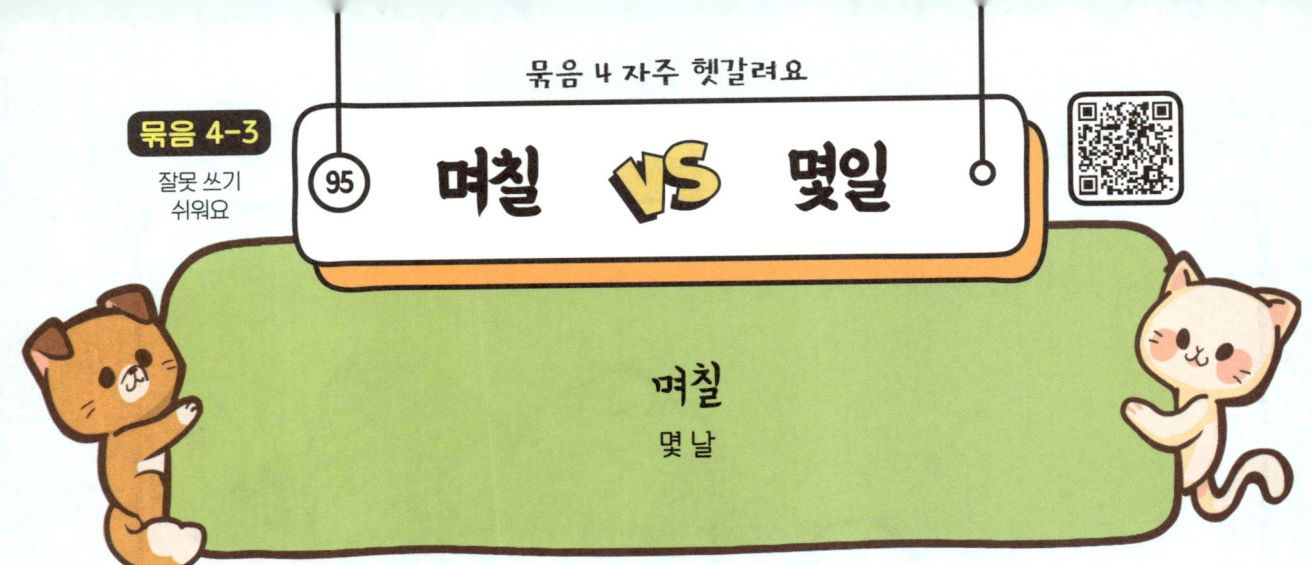

묶음 4-3
잘못 쓰기 쉬워요

묶음 4 자주 헷갈려요

95 며칠 VS 몇일

며칠
몇 날

오늘 드디어 물놀이를 다녀왔다.

 전부터

오늘이 오기만을 기다렸다.

① 지난 며칠 동안 매일 기도했다.
[O , X]

제발 비 오지 않게 해주세요~

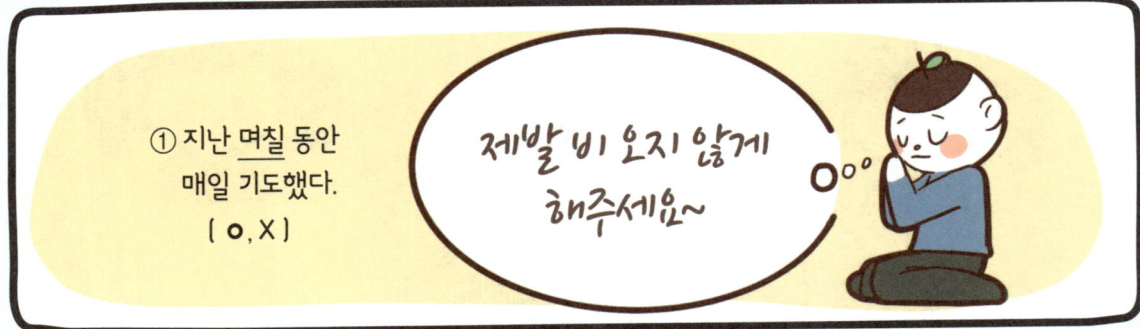

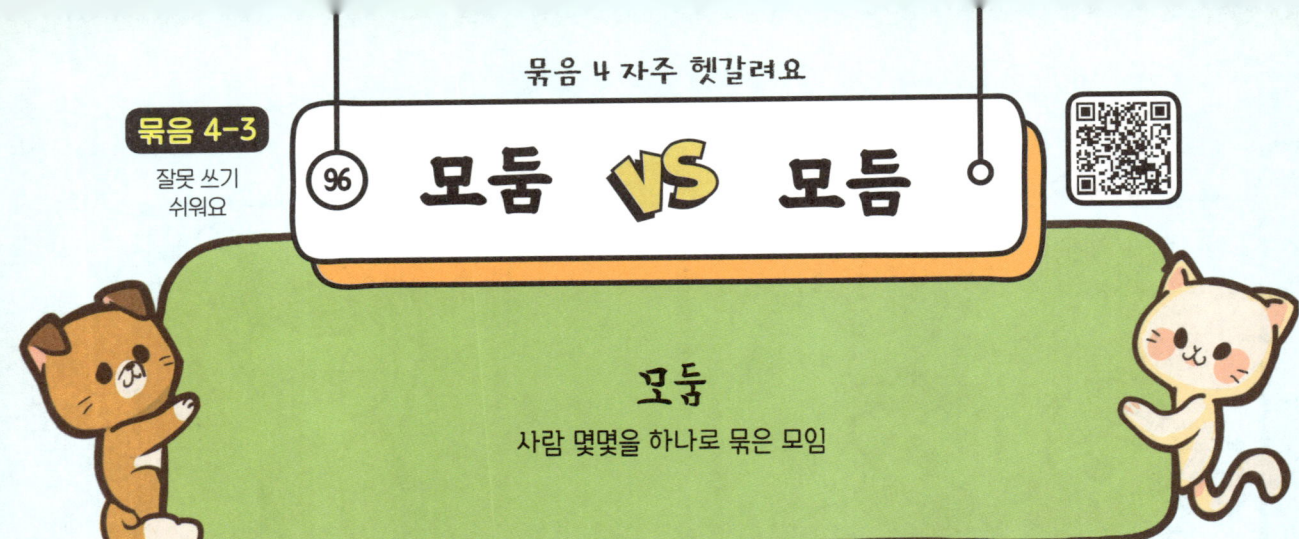

묶음 4-3 잘못 쓰기 쉬워요

96 **모둠 VS 모듬**

묶음 4 자주 헷갈려요

모둠
사람 몇몇을 하나로 묶은 모임

오늘은 세상이 너무 아름다워 보인다.

1모둠
2모둠   학교에서 **모둠**을 새로
3모둠   만들었는데

좋아하는 그 애와 같은 모둠이 됐다.

1모둠: 나, 그 애, 친구, 친구

이제 매일 같이 공부할 수 있다!

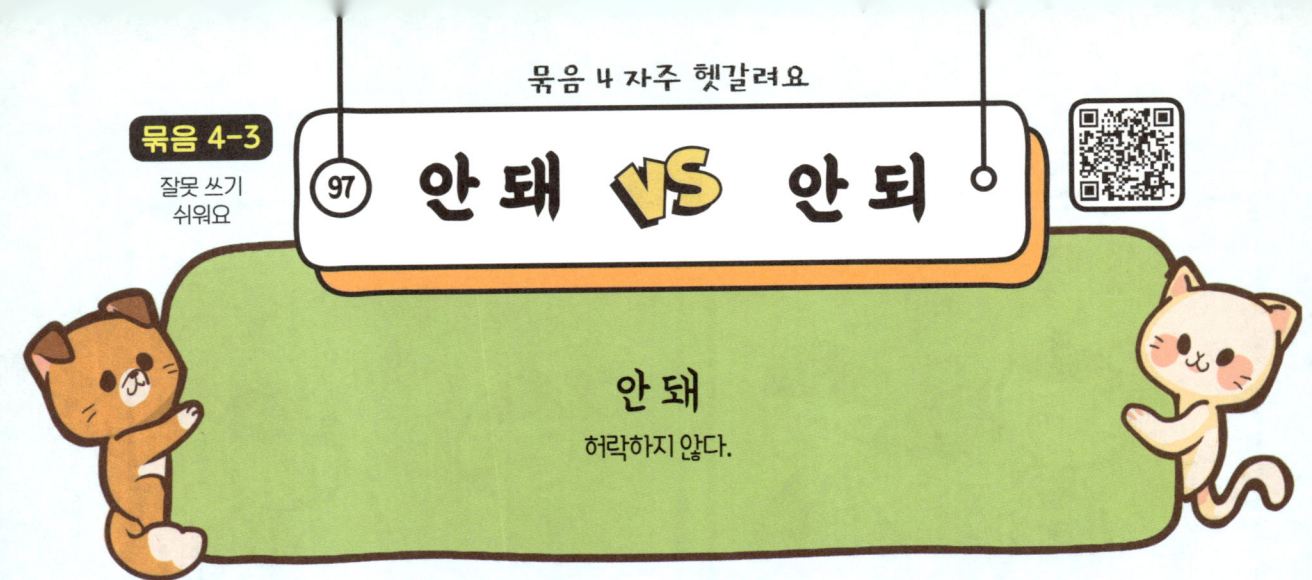

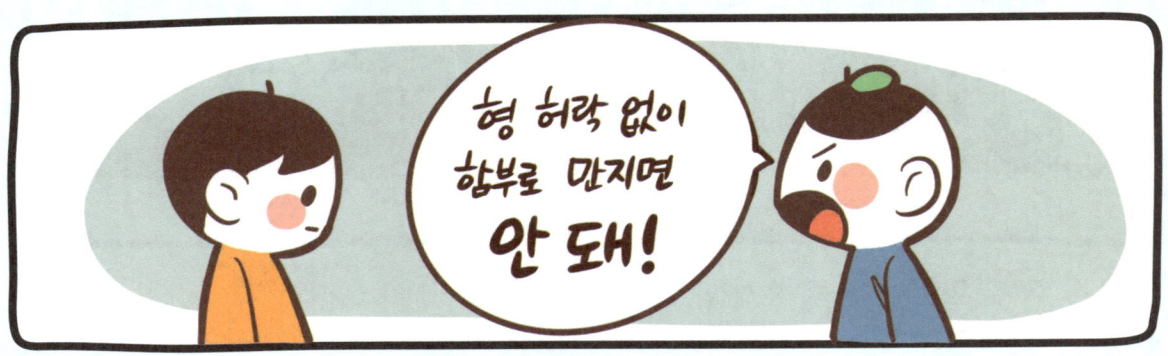

동생은 형 것은 내 것이고,
자기 것도 자기 것이라고 말했다.

아휴~

도저히 이해가 안 된다.

오늘도 포기다.

동생이 빨리 컸으면 좋겠다.

묶음 4-3 잘못 쓰기 쉬워요

묶음 4 자주 헷갈려요

98 어이없다 VS 어의없다

어이없다
너무 뜻밖이어서 기가 막히다.

학교에는 꼭 지켜야 하는 규칙이 있다.

그것은 바로
꼭 지켜야 할 규칙

맛있는 반찬 혼자만 많이 먹지 않기!

① 오늘 정말 어이없는 일이 있었는데
(O , X)

내 앞줄에 서 있던 친구가

남은 튀김을 모두 가져갔다.
내가 다 먹어야지~

오징어 튀김 많이 먹고

오징어나 됐으면 좋겠다.

묶음 4-3
잘못 쓰기 쉬워요

㉟ 묶음 4 자주 헷갈려요

역할 VS **역활**

역할
어떤 사람이 맡은 일

우리 반에 아주 얄미운 친구가 있다.

우리 반은 모두 자기 **역할**이 있는데

우리반 역할
물 주기
창문 열기
우유 나눠 주기

그 친구만 제대로 하지 않는다.

물주기 ✗

그 친구가 꽃에 물을 줘야 하는데

항상 까먹는다.

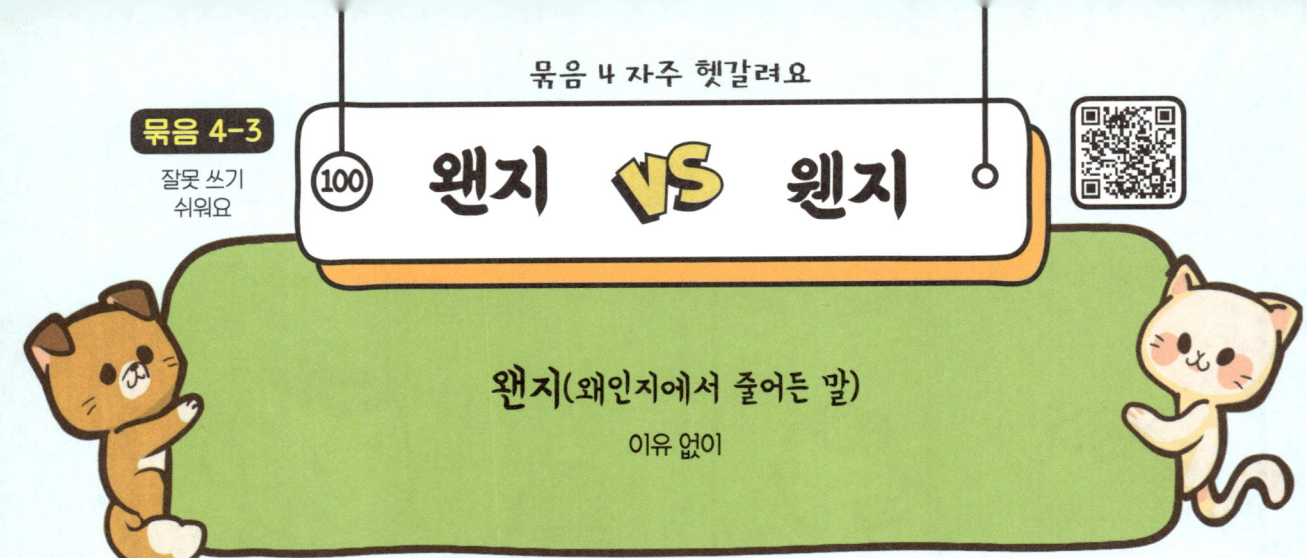

묶음 4 자주 헷갈려요

묶음 4-3 잘못 쓰기 쉬워요

100 왠지 VS 웬지

왠지(왜인지에서 줄어든 말)
이유 없이

오늘은 **왠지** 기분이 울적하다.

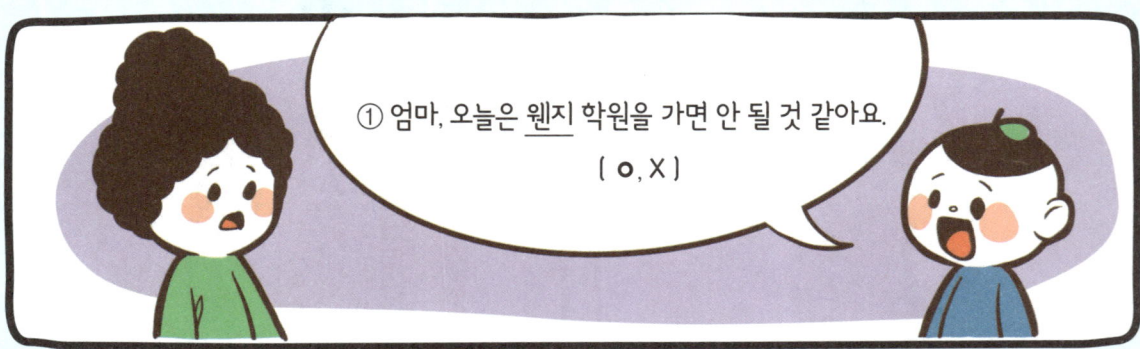

① 엄마, 오늘은 웬지 학원을 가면 안 될 것 같아요.
(O , X)

② 왠지 무조건 학원을 가야 할 것 같다.
(O , X)

**좋은 책을 만드는 길
독자님과 함께하겠습니다.**

찐천재가 되는 바로보고 바로쓰는 맞춤법

초 판 발 행	2021년 07월 23일 (인쇄 2021년 07월 12일)
발 행 인	박영일
책 임 편 집	이해욱
지 은 이	최예지
그 린 이	박수현
편 집 진 행	윤진영 · 최영
표지디자인	이미애
편집디자인	하한우 · 곽은슬
발 행 처	(주)시대교육
공 급 처	(주)시대고시기획
출 판 등 록	제 10-1521호
주 소	서울시 마포구 큰우물로 75 [도화동 538 성지 B/D] 9F
전 화	1600-3600
팩 스	02-701-8823
홈 페 이 지	www.edusd.co.kr
I S B N	979-11-383-0155-8(77700)
정 가	12,000원

※ 이 책은 저작권법의 보호를 받는 저작물이므로 동영상 제작 및 무단전재와 배포를 금합니다.
※ 잘못된 책은 구입하신 서점에서 바꾸어 드립니다.